Maria, Mãe de Jesus, na vida de Charles de Foucauld

Pedro Paulo Scandiuzzi

Maria, Mãe de Jesus, na vida de Charles de Foucauld

São José do Rio Preto / SP
Edição do Autor
2021

Grafia atualizada segundo o Acordo Ortográfico da Língua Portuguesa de 1990, que entrou em vigor em 2009

Capa e editoração eletrônica: **Cesar Corrêa**

Foto de Charles de Foucauld: https://www.facebook.com/CharlesdeFoucauldLebanon/photos/2594319737516663 - Acessada em 18/03/2020

Ilustração da capa: Autoria de Charles de Foucauld - http://charlesdefoucauld.info/wp-content/uploads/2017/12/Prayers.pdf - Imagem: https://www.facebook.com/Charlesde-FoucauldLebanon/photos/2497649863850318 - Acessada em 01/12/2019

Dados Internacionais de Catalogação na Publicação (CIP)

S283

    Scandiuzzi, Pedro Paulo.
       Maria, Mãe de Jesus, na vida de Charles de Foucauld. - São José do Rio Preto : Ed. do Autor, 2021
    80 p. : il.

    ISBN 978-65-00-23206-6

       1. Maria, Virgem, Santa. 2. Mártires cristãos. 3. Cristianismo e outras religiões – Islã. 4. Foucauld, Charles de, 1858-1916 - Meditações. I. Título.

                                CDD – 232.91

Ficha catalográfica elaborada pela Bibliotecária
Luciane A. Passoni - CRB-8 7302

Edição do Autor
Pedro Paulo Scandiuzzi
pp.scandiuzzi@unesp.br

Maria, Mãe de Jesus, na vida de Charles de Foucauld

SUMÁRIO

Maria, Mãe de Jesus, na vida de
Charles de Foucauld

Introdução

Pessoas que me conhecem perguntam qual a relação espiritual de Charles de Foucauld e Maria, a mãe de Jesus. Nunca me perguntei sobre este tema pois, nos escritos de Foucauld, ele ressalta Jesus sempre, mesmo quando vai falar de Maria. Ele escreve desde o princípio da sua conversão colocando Maria como serva, aquela que está a serviço do Reino e sempre presente no dia a dia de Jesus.

Foucauld é extremamente meditativo e em todas as reflexões que faz ele imagina o contexto e o traz para a sua vida e muitas vezes escreverá como Jesus dizendo a ele a passagem bíblica lida. Nas suas meditações, em sua grande maioria, sempre se coloca entre Maria, Maria Madalena, S. José, os apóstolos e outros santos dependendo do dia do santo; e entre eles cria a imagem de adoração, contemplação e mostra seu grande amor a Jesus. Ele chegou a escrever de 30 de outubro de 1897 a 30 de outubro de 1898 as suas reflexões das festas litúrgicas. Período este muito fértil, tanto no crescimento espiritual como deixando por escritos suas reflexões, dia a dia, conforme aparecia no calendário litúrgico romano. É muito detalhista em alguns dias, dividindo o dia das festas em vários momentos e escrevendo a partir das horas que meditou.

Nesse período foi possível escrever bastante, a pedido de seu confessor, mas, mais tarde, quando no deserto do Saara, continuará escrevendo cartas de relacionamentos pessoais, texto de sua pesquisa etnolinguística, porém silenciará cada vez mais nas suas reflexões, mas Maria será sempre lembrada. mesmo quando não citada.

Algumas vezes dá conselho como devemos lidar com Maria e esta é uma das passagens mais interessantes que encontrei neste período.

Devo, entretanto, lembrar ao leitor que as citações utilizadas por ele são do final do sec. XIX - início do século XX, e, muitas delas fogem da especificidade da condição de leigo segundo o que ele passou a pensar a partir de 1912. Por exemplo, ele fala de meditar a passagem de Maria, nos dias de sua festa, aos pés do tabernáculo, para estar mais perto de Jesus. Esta realidade não condiz com a vida do leigo atual. Podemos meditar de uma outra forma que se adeque ao cotidiano do leigo. Como será que Foucauld entenderia seu próprio texto quando foi proibido de celebrar a Eucaristia por 6 meses e de ficar sem o Santíssimo Sacramento por 6 anos?

É necessário dizer que se trata de Maria, a mãe de Jesus, porque ele tem uma irmã e uma prima de nome Maria, com as quais ele se comunicou muito. Também devo dizer que as perguntas do relacionamento de Foucauld e Maria surgem porque, nas religiões cristãs, e mais fortemente na religião católica, Maria é uma figura muito importante pois ela trouxe-nos o Salvador.

Além do mais, na formação cristã da infância e início da adolescência, Foucauld ficou órfão de pai e mãe e

Maria deve ter sido um caminho de luz e esperança para ele, pois acredito que deve tê-la tomado como mãe. Mesmo tendo tomado Maria como mãe, Jesus sempre está em primeiro lugar na sua vida após a sua primeira conversão e permanecerá em primeiro lugar até o final de sua vida. Em algumas passagens ele chama Jesus de irmão mais velho e em outras se considera filho adotivo de Maria.

Contudo Foucauld trabalhou com mulçumanos entre os quais Maria também ocupa um papel importante. Veremos isto quando chegar o momento.

Sendo assim, a partir dos questionamentos do porque eu não escrevia sobre Foucauld e Maria comecei a ler os escritos de Foucauld com um olhar direcionado ao que ele escreveu sobre esta Mãe que nos trouxe tal Filho e que o adotou. Impressionou-me pela quantidade de referências a Maria em seus escritos e decidi fazer recortes e selecionar aquilo que me chamou mais atenção. Impossível rastrear todo o conteúdo nos livros que possuo devido a este volume de citações.

Um de seus escritos denominado 'eu, minha vida passada – misericórdia, meu Deus' ele mencionou que as primeiras lembranças do seu tempo de criança ele aprendera a rezar com seus pais, principalmente com sua mãe que ensinou uma oração que devia rezar de manhã e de noite: 'Meu Deus, abençoai papai, mamãe, avô, avó, avó de Foucauld e minha irmãzinha', e seus pais ensinaram educacionalmente a piedade visitando igrejas, levando buquê de flores aos pés da cruz, visitando o presépio no tempo de Natal, participando no mês de Maria das celebrações, um pequeno altar no quarto pois ele tinha um quarto só para ele na sua família, conduzindo-o à catequese, ...

Assim, seu contato com a mãe de Jesus foi desde

este tempo, e não sei se posso dizer que a expressão 'Meu Deus', muito utilizada nos seus escritos possa vir desta primeira oração aprendida.

Ganne em seu livro 'Tamanrasset: oú le desert fertile', descreveu:

> Sua vivência pós 1897 é tão intensa na busca do último lugar, maneira que encontrou para estar perto de Jesus. Ele diz que, ao buscar o último lugar ele não faz mais do que pode; os olhos enfraquecem, ele sente também que seu corpo enfraquece pouco a pouco e tem neste momento somente quarenta anos. Seu diretor espiritual, o padre Huvelin o orientará para que ele escreva suas meditações para que conheçamos melhor seus pensamentos e assim possamos perceber que a vida de Nazaré é também a mesma vida da Santa Família na qual ele quer entrar como um filho adotivo, e por ter reencontrado a sua infância ele dirá: Santa Virgem, são José, que fazem vocês neste momento? São oito horas da noite, a noite chega, os barulhos se calam, vós estais no fundo da pequena casa, sentados perto de Jesus, iluminados por uma pequena lâmpada, ou olham... e quando está aos pés do Santo Sacramento, sua contemplação o leva ao tempo de Jesus e sua meditação assume uma visão poética e recria a realidade: Meu Deus eu vos adoro em Nazaré, com a Santa Virgem e São José, de joelhos ao fundo e a casa santa, rezando em silêncio e esperando o dia...Vossos santos pais estão de joelhos, mudos, atrás de Vós; eles rezam também, devorando-Vos nos olhos e vos adorando; eu me coloco entre eles, para tomar parte de sua contemplação, à sua adoração noturna, como eu quero tomar parte de toda a sua vida interior e exterior.

A imaginação dele é fértil. Porém sua oração será sempre um diálogo com a família de Nazaré e ele presente como filho adotivo entre Maria, José, Madalena, os santos apóstolos e outros santos, na adoração, na contemplação, no silêncio dialogado...Uma oração de presença, de certeza de que Jesus caminha conosco e é Deus caminhando com os homens, entre os homens e servindo os homens.

Em 1886, agraciado com as bênçãos de Deus ele encontrou o caminho que deveria seguir em sua vida. Tinha 28 anos de idade. Uma enorme experiência na vida de estudante, na vida militar, de pesquisador de geografia em Marrocos. Foi premiado pelo resultado de suas pesquisas. A graça divina mudou seu trajeto de vida. A graça de Deus vem mostrar que na sua vida a passagem bíblica da visitação é o caminho que ele deve seguir. Foucauld afirmou que este caminho é sua vocação e gostaria que tivesse seguidores no mesmo caminho, mas cada um à sua maneira e na sua cultura particular.

No Evangelho de Lucas 1, 26-38 encontramos o relato da visitação: Para quem não o conhece a passagem na bíblia pastoral diz:

> No sexto mês, o anjo Gabriel foi enviado por Deus a uma cidade da Galiléia chamada Nazaré. Foi a uma virgem, prometida em casamento a um homem chamado José, que era descendente de Davi. E o nome da virgem era Maria. O anjo entrou onde ela estava e disse: "Alegre-se, cheia de graça! O Senhor está com você!" Ouvindo isso, Maria ficou preocupada e perguntava a si mesma o que a saudação queria dizer.
> O anjo disse:
> "Não tenha medo, Maria porque você encontrou graça diante de Deus. Eis que você vai ficar grávida, terá um filho e dará a ele o nome de Jesus. Ele será grande, e será chamado Filho do Altíssimo. E o Senhor dará a ele o trono de seu pai, Davi, e ele reinará para sempre sobre os descendentes de Jacó. E o seu reino não terá fim."
> Maria perguntou ao anjo: "Como vai acontecer isso, se não vivo com nenhum homem?" O anjo respondeu: "O Espírito Santo virá sobre você e o poder do Altíssimo a cobrirá com sua sombra. Po isso, o Santo que vai nas-

cer de você será chamado Filho de Deus. Olhe a sua parenta Isabel: apesar de sua velhice, ela concebeu um filho. Aquela que era considerada estéril, já faz seis meses que está grávida. Para Deus nada é impossível." Maria disse: "Eis a escrava do Senhor. Faça-se em mim segundo a tua palavra." E o anjo a deixou.

No silêncio, na oração, no início da sua vida religiosa entre os monges trapistas, penso que ele se perguntava: o que Maria foi fazer na casa de sua prima Isabel? O texto de Lucas afirma que Isabel estava no sexto mês de gravidez e Maria ficou com ela 3 meses. Então, no momento do nascimento de João, Maria foi embora. Diz o texto bíblico que quando Maria foi às pressas pelas montanhas encontrar Isabel quando soube da gravidez de Isabel, Maria foi recebida com muita alegria. Vejamos o que diz Lucas 1, 39-45 nos diz sobre esta recepção:

Naqueles dias, Maria partiu para a região montanhosa, dirigindo-se, às pressas, a uma cidade da Judéia. Entrou na casa de Zacarias e saudou Isabel. Quando Isabel ouviu a saudação de Maria, a criança se agitou no seu ventre e Isabel ficou cheia do Espírito Santo. Com um grito, exclamou: "Você é bendita entre as mulheres e é bendito o fruto do seu ventre! Como posso merecer que a mãe do meu Senhor venha me visitar? Logo que a sua saudação chegou aos meus ouvidos, a criança saltou de alegria no meu ventre. Bem-aventurada aquela que acreditou, porque vai acontecer o que o Senhor lhe prometeu."

Essa visita menciona que Maria foi tão rápida após o aviso do anjo Gabriel, e isto surpreendeu Isabel.

Na nossa catequese sempre se ensinou que Maria foi ajudar Isabel por causa da gravidez e por causa da idade avançada, que Maria colocou-se na sua humildade nos serviços simples da casa para que Isabel tivesse uma gravidez mais tranquila. Nunca se disse na catequese que

Maria foi embora no momento que a criança nasceu ou estava para nascer. Seria neste momento que a Isabel mais precisaria de ajuda, não é mesmo? Então porque Maria nao continuou lá'?

Toda esta explicação de caráter humano e que justificaria uma ida de Maria a casa de Isabel caiu por terra nas meditações e reflexões de Foucauld no início de vida como religioso. Vida de clausura, sem sair do convento. Ele se perguntava como poderia viver, sair às pressas como Maria, e para fazer o quê?

Ouçamos a meditação que ele fez de início desta Visitação:

Meditação sobre a visitação Lc 1, 30

Apenas encarnei, eu pedi à minha Mãe que me levasse à casa onde vai nascer João, afim de o santificar antes de seu nascimento...Eu sou dado ao mundo para a sua salvação, na Encarnação.... Antes mesmo de nascer, eu trabalho nesta obra, a santificação dos homens...e eu pedi à minha Mãe para trabalhar coMigo...Não é só a ela que eu pedi para trabalhar, a santificar os outros, desde que ela me possui; são todas as outras almas a quem me dou. Um dia, eu direi a meus apóstolos: 'Pregais', e eu darei sua missão e traçarei suas regras... Aqui, eu disse a outras almas, a todas aquelas que me possuem e vivem fechadas, que me possuem mas não recebem a missão de pregar, eu digo-lhes de santificar, de santificar as almas levando-me entre elas em silêncio; às almas de silêncio, de vida fechada, que vivem longe do mundo, na solidão, eu disse 'Todas, todas trabalhais à santificação do mundo, trabalhais como minha Mãe, sem palavra, em silêncio; ide estabelecer vossos piedosos retiros entre aqueles que me ignoram; leve-Me entre aqueles, estabelecendo um Altar, um Tabernáculo, e levai o Evangelho, não pregando com a boca, mas com o exemplo, não em anunciando, mas vivendo-o; santifiqueis o mundo, levando-Me no mundo, as almas piedosas, almas fechadas e silenciosamente, como Maria me levou a João...

Uma das primeiras anotações a esta passagem bíblica trata-se dos anos de 1893. Na sua introdução à Regra provisória dos Eremitas do Sagrado Coração de Jesus da Epifania ele disse que após 5 anos e meio, para ele, sempre esteve claro que não pode melhor glorificar a Deus sem colocar em seu coração a Virgem Maria no Mistério da Visitação. Pensou que: sem sair da clausura, sem sair do silêncio, Maria santificou a casa de São João levando Jesus e praticando as virtudes evangélicas. Ao seu exemplo, devo santificar as vidas sem sair do silêncio, colocando-me entre os povos, com um pequeno número de irmãos, Jesus no Santíssimo Sacramento e a prática das virtudes evangélicas por uma vida de imitação da vida escondida de Nosso Senhor, é esta a minha forma de pensar constante nestes 5 anos e meio, pois não tenho a vocação apostólica, e é o que posso fazer de melhor para a gloria de Deus.

Foucauld era um homem inteligente e com a Graça de Deus juntava-se a sabedoria que vem dos céus. Ele percebeu que seus limites humanos, o de não conseguir levar a vida apostólica, poderia seguir os passos de Maria no exemplo da visitação e participar do mistério da redenção com Maria.

Ele sempre mencionou a visitação. No seu caderno dos Santos Evangelhos, Foucauld redigiu em árabe, as datas e os lugares de sua devoção. Após uma HALLE a Ramallah, ele foi a 25 de fevereiro a Aïn Karen onde segundo a tradição, Jesus, presente na Virgem Maria, santificou antes de seu nascimento, João, o filho de Zacarias e Isabel. Charles celebrou a Visitação. Foucauld olhou como ideal e submeteu todas as suas atividades que realizava para e com seus irmãos humanos.

Ideal que será levado a sério e coerente até o final da sua vida.

Para dar continuidade a este livro procurarei apresentar alguns dos escritos, que mencionam Maria, que encontrei nos livros que possuo sobre Foucauld. Verei a possibilidade de apresentá-los de forma que possamos perceber sua fixação nas certezas de sua experiência mística utilizando muitas vezes a repetição no decorrer do espaço tempo e umas e outras vezes algumas modificações no jeito de falar, porém não alterando o seu conteúdo.

No primeiro capítulo desenvolverei os textos escritos antes do seu sacerdócio ocorrido em1901, no outro capítulo escreverei a relação do Alcorão com Maria e por último, localizaremos o período do seu tempo de sacerdote e se houver detalhes após sua segunda (a conversão é diária) e especial conversão. Assim chegaremos a uma conclusão.

Escritos do seu primeiro período como convertido

Uma carta enviada para a trapa de Nossa Senhora do Sagrado Coração datada de 7 de fevereiro de 1893, fr. Marie Alberic (nome religioso nesta época de Charles de Foucauld) escreveu:

> Veja então Nossa Senhora do Bom Repouso! Pode ela, nossa boa Mãe, vos dar este bom repouso que você merece com tanta fé encontrada a seus serviços; ela vos tem dado já, ela dará sempre, com certeza, esse repouso jamais recusado àqueles que procuram estar em Deus. Nosso repouso, eu o tenho sempre e nunca o bastante, minha grande preguiça tem necessidade de reclamar e de reclamar dizendo esta verdade que eu sou profundamente preguiçoso e bem longe, veja só! de estar desligado de mim mesmo, nosso repouso é de nos voltar para a bondade de Deus e olhando um pouco mais baixo, de nos voltar para a nossa cruz e desejar sempre mais pois por lá temos a bondade de O imitar e de provar nosso amor, coisas desejadas a um coração de quem ama! Nem a bondade de Deus, nem a cruz, nunca nos faltam, é o que fez o bom repouso da (nossa) boa Mãe, e é nele que ela oferece a todos. Podemos conhecer o gosto. Vós o experimentareis, eu o sei e agradeço a Deus, mas minha preguiça e sem corrigi-la eu não repouso, como eu deveria, sobre este doce seio, o mais maternal que existe depois do seu Filho. Entretanto, por mais miserável que eu seja, Deus me deixa na paz. Ele o faz rápido apesar das minhas fraquezas; olha a minha incapacidade de enfrentar as tempestades e me mantém numa calma profunda. Eu vejo as minhas misérias, mas elas não me tiram a paz. Peça a Deus que não seja de endurecimento!

Uma outra carta redigida a trapa de N. D do Sagrado Coração no dia 11 de abril de 1893,

> Que Nosso Senhor Jesus esteja sempre conosco, meu querido e venerável Pai, eu venho alegrar-me um pouco com você e contar um pouco para você da glória de Nosso Senhor esperando que nós nos alegremos juntos, no alto por Sua grande misericórdia. A Santíssima Virgem Maria, Santa Madalena deviam estar felizes nesses dias que seguem a ressurreição! Que elas dignem, todas as duas dirigir um olhar sobre todos os pobres miseráveis e indefesos que estão sobre a terra a nos retomar desses que nos devem tornar felizes! Que elas nos ajudem a entrar em seus pensamentos, no seu amor. Veja que nossa vida está se tornando toda semelhante à sua. Elas nos ajudem a nos alegrarmos com a infinita bondade de N.Sr. e a fazer a cada um de nosso lado, de nosso meio o que Ele quer de nós, esperando o dia que Ele nos chamará a Ele. Nós aqui no exílio e na espera, possamos passar como a Santíssima Virgem e Santa Madalena, no amor e no serviço fiel e os olhos sempre fixos no céu onde estão colocados todo o nosso amor e todos os nossos desejos.

Aqui podemos destacar um acontecimento no Natal de 1893 e que foi relatado somente em 1897. O relato é muito importante que seja colocado aqui para que tenhamos a ideia de que momentos passou Foucauld e como ele se entregou nas mãos de Maria:

Um momento muito difícil ocorrido em 26 de janeiro de 1890 é relembrado em 16 de novembro de 1897 e escreveu como se estivesse falando com Jesus e ou Maria:

> Coração Sagrado de Jesus, inspirai-me isso que devo pensar da padroeira da Santa Virgem, pois veja verdadeiramente uma grande festa e eu estou feliz por eu a celebrar. É uma festa particular pois há muito tempo vós o sabeis, depois de 26 de janeiro de 1890, eu rezo a Vossa Mãe como minha padroeira, eu acrescentei o seu nome ao meu. Antes, eu havia dito aos vossos

pés que ela foi a primeira em meu coração depois de vós, mas é depois desse dia, depois desses quase oito anos que ela é verdadeiramente minha padroeira. Num tempo de muito sofrimento, no Natal do 1893, não tendo onde me refugiar, crendo ser enganado pelo diabo, eu me coloquei completamente em seus braços Eu me recordo do seu coração de mãe do Perpétuo Socorro, eu me coloco entre as suas mãos como um filho, sua propriedade, ela, Nossa Senhora do Perpétuo Socorro, de me colocar como ela, de me levar como ela a vossa imagem quando vós estáveis criança e de fazer de mim, não o que quero, mas o que ela quer para maior glória de seu Filho, segundo sua vontade, ela/ele quem dorme no seu coração. Depois desse tempo, eu me olho como vosso, ó Maria do Perpétuo Socorro. Minha alegria está em pensar que, em Roma, a primeira igreja, a vós dedicada sobre esta terra, ó minha mãe, Santa Maria Maior. A segunda foi a igreja dos Redentoristas, onde está exposta vossa imagem milagrosa, ó Mãe do Perpétuo Socorro. Em Roma está também a última igreja onde coloquei os pés, a última onde eu tenho, no dia de minha partida, participado da santa missa, recebi a santa comunhão e a benção do Santíssimo Sacramento. Eu não esqueço mais, ó minha Mãe que, quando pensei na possibilidade de reunir algumas almas para viver em comunhão a vida de Nazaré, eu vos prometi de colocar esta pequena congregação sob vossa proteção, de vestir azul em vossa honra, de vos dedicar todos vossos altares e todas as suas coisas. A primeira vai se chamar Nossa Senhora do Perpétuo Socorro. Chegando nela, minha mãe, eu vos consagro este pequeno núcleo à vossa imagem, e estarei junto tendo em seguida um escrito bem grande Nossa Senhora do Perpétuo Socorro, nossa mestre e padroeira do lugar...

No dia 3 de janeiro de 1894 ele estava passando alguma dificuldade no seu início como trapista, então escreveu à sua prima Maria de Bondy. Um trecho da carta nos diz:

Padre Polycarpo me diz para esperar e colocar tudo isto à Santa Virgem; eu o fiz, está de acordo com o sentimento de minha impotência e fraqueza...estando em um barco, eu me assusto ao pensar em me jogar ao mar...o medo, mais que a humildade, me retém; mas o que mais me retém é absolutamente a obediência.

Para a mesma prima, Foucauld volta a escrever no dia 14 de janeiro de 1894:

Mesmo sempre ardente desejo, mas que me deixa em paz. Eu não penso nisso que por me recomendar a Nossa Senhora do Perpétuo Socorro e a encarreguei de tudo, me tem dado o único desejo de fazer a vontade de Deus o mais perfeitamente possível e estou pronto a tudo...É a esta boa Mãe à inspirar a Huvelin e Pe. Policarpo, quando a hora virá, se ela vem, como eu o desejaria, que ela peça a Nosso Senhor que eu O siga mais de perto.

Em outra carta datada e escrita em fevereiro de 1897, o frei Marie Alberic (Foucauld) ao sair da trapa é visto por seus companheiros:

E que dizer da sua devoção para com a Santíssima Virgem? Ele é verdadeiramente seu filho: como o filho todo devotado de Maria. Quem de nós não tem notado que seus olhos se voltam à sua imagem a todo instante? Ele não cansa de nos dizer: 'Ficai unidos com ela todas as vossas orações, todas vossas ações e confiai. Uma mãe entra em sua casa com seu filho, arruma os cabelos do filho; assim faz a Santíssima Virgem com nossas obras e nossas orações; se nós confiarmos ela levará a Deus, ela complementará o que falta e as maldades ela as tornará boas.' Oh! Meus filhos, ide a Maria, ame-a de todo vosso coração!...'

Em 14 de novembro de 1897, festa da padroeira da Santíssima Virgem ele fez como propósitos:

1º Adquirir pela graça divina a compreensão do que não é Deus, a compreensão da pobreza de espírito que subsiste nos pequenos pensamentos, nas pequenas ajudas, nas pequenas inquietudes, nos pensamentos de interesses pessoais, seja material, seja espiritual, nas pequenas considerações, nada de terrestre, de pequeno, de vã: esvaziar-se inteiramente a alma e deixar subsistir um único pensamento e um único amor de Deus...Viver o alto, não ser mais da terra, viver o céu como Santa Madalena e Santo Baume.

2º Corrigir-me do medo que tenho da cruz e ser mais generoso na mortificação...Desejar mais ardentemente o amor de Deus do maior amor!

Um ano depois da sua saída da trapa, em 15 de fevereiro de 1898, ele escreveu ao padre Jêrome:

> Eu vejo uma falta particular da bondade de N.Sr. na festa escolhida para receber as Ordens, a Anunciação, uma festa da Santíssima Virgem, nossa Mãe, onde ela nos diz: 'Eis a vossa serva, faça-se em mim a vossa palavra'.
>
> Outra vez não deram o título aos cistercienses, o título da Santa Pobreza, mas sim o título da Bem Aventurada Virgem Maria, para mostrar que somos todos seus filhos. – Se toda Ordem a ela pertence, eu desejo que vós pertenceis, vós de uma maneira toda particular. De fato estes desejos para os dias de festas: esse 25 de março me será uma grande festa porque é uma grande festa para meu irmão: eu vou pedir 2 desejos: o primeiro, é que seja verdadeiramente em toda vossa vida um fiel filho de Maria, você tenha em mente que, para ser verdadeiros irmãos de Jesus, precisamos ser os verdadeiros filhos de Maria; o segundo , é o de ter sempre no coração, sobre os lábios, e nos atos, as palavras que pronuncia hoje nossa Mãe: 'Eis aqui a serva do Senhor, faça-se em mim segundo a vossa palavra', durante todos os instantes de vossa vida vos serei um fiel servidor de Jesus, e por isto durante todos os instantes de vossa vida agireis segundo Sua palavra, agireis segundo Sua vontade, fazer sempre, sempre a Sua vontade

como um bom servidor, como nossa Mãe, nesta vida e na outra, eternamente, começando hoje.

A maneira de fazer a Sua vontade, vós sabeis: 'Quem vos escuta, me escuta', é a obediência: é absolutamente segura e admiravelmente perfeita, pois todo ato de obediência é sermos legitimamente submissos a Deus não é uma obediência feita a um homem, ela é feita a Deus mesmo e isto por puro amor para com ELE; este ato de obediência a um homem; que parece menor, é na realidade um ato de puro amor para com Deus. Esta obediência é acompanhada da vontade de Deus a quem constitui o bom servidor, 'serva do Senhor', o amor filial, o estado de filhos, o sentimento estabelecido no fundo da alma que vós sois os filhos de Maria, para contar o vosso amor por vossa mãe, eu vos aconselho os meios que eu mesmo utilizo: preparai bem as suas festas, celebre-as com grande alegria, ela deseja sua festa com Jesus, na simplicidade, como seu pequeno filho: a ela oferecer qualquer coisa, ser feliz, alegrar-se por ser ela a mais bela de Deus. Faça uma coisa que eu faço, nas festas da Sta. Virgem, eu tomo sempre um sermão dos Padres da Igreja sobre esta festa ou sobre uma outra mas um sermão sobre a Santíssima Virgem, vou à igreja, eu o leio lá, o mais perto possível do Santíssimo Sacramento, eu leio muitas páginas ou somente duas linhas, mais ou menos: quando Deus pode me passar da leitura à oração, eu sou esse movimento. Se a oração definha, eu levo o livro; se ela vem eu o guardo; se ela vem sobre mim e se a Santíssima Virgem me mantém neste estado de doce oração a Seus pés, eu guardo o livro e não o retomo. Eu aconselho este meio de festejar nossa Mãe, em nos fazendo conduzir a ela por um dos seus grandes chamados de Doutores da Igreja, e em buscá-la de seu Filho, no Santíssimo Sacramento. A anunciação é a festa de Nazaré, a gruta que fez parte da casa da Santa Família e num lugar mais retirado e onde foi o lugar da Anunciação, é sempre aqui, eu coloco a cada momento a imagem – da minha maneira – que eu vos envio: de 17 a 25 de março, durante toda esta novena, participo das missas, eu comungo; eu rezarei um rosário a cada manhã para você na gruta da Anunciação, pedindo a Deus para concordar com a Santíssima Virgem, as duas coisas que eu vos desejo – coisas que contém tudo; para fazer a vontade de Deus, é O glorificar o mais possível, esse que é tudo. Que nesta vida e na outra, eternamente Maria seja vossa Mãe, Jesus vosso irmão e vosso Esposo, que vos servireis perfeitamente, o glorificareis perfeitamente, consolareis o mais possível Seu Coração durante todos os instantes de vossa vida, é isso que peço para você de todo o coração vosso irmão que vos ama no Coração Sagrado de Jesus.

Neste período de 1 de novembro de 1897 a 1 de novembro de 1898, enquanto estava na Terra Santa, ele redigiu as meditações das festas litúrgicas. Para este livro, selecionarei somente algumas festas de Maria e quero relembrar aos leitores que a maioria de suas meditações ele se coloca entre Maria, Madalena, os apóstolos e outros santos de sua devoção. Mesmo sendo uma festa dedicada a Maria, Jesus está sendo destacado como o mais importante. E, em festas de outros santos ele se coloca junto a Maria e Madalena como vocês podem verificar no destaque da festa de S. Zacarias e Santa Isabel, pais de S. João Batista:

Pais do maior homem nascido dos homens, os primeiros, depois de Maria, escolhidos a conhecer Jesus, vós que tendes visto de perto a santa Família, viveu familiarmente com ela; santo Zacarias, quem tendes recebido esta visita do Arcanjo o qual foi o último ato divino por assim dizer desse que devia anunciar a Encarnação, vós dos lábios de quem saiu o Benedictus; santa Isabel, amiga de Maria, quem conheceu primeiro depois dela e depois vosso filho a presença de Jesus sobre a terra, autor de uma parte da Ave Maria: ensina-nos a amar aquele que vós tendes tanto amado, Jesus, Maria, José, João Batista, a vos conhecer; vós que tendes bem conhecido, a os imitar e os confidentes em quem eles encontram, em qualquer medida, de vidas/almas irmãs, de vidas/almas ao menos fiéis e procuram a se conformar aos seus...vós que haveis dito ou entendido os primeiros Benedictus e o Magnificat, ensina-nos a rezar sempre com grande devoção...Vós fostes pode-se dizer mártir, Santo Zacarias, dê a mim um ardente desejo de o ser, e, o momento veio, obtenhas para mim de Deus o amor e a coragem, pois veja! Vós sabeis que eu sou medroso e preguiçoso...Ensina-me todos dois, vós que estivestes no segredo de Deus, Suas vontades sobre mim; vós que viveis, depois da concepção de São João em um profundo retiro, abençoeis, protegeis, Santa Isabel, o pequeno retiro que eu começo amanhã...Que por vossa intercessão ele sirva à minha conversão, à minha santificação, a me iluminar, amor, coragem, a me fazer conhecer Deus um pouco melhor, O amar mais, saber mais claramente o que Ele quer de mim, e o fazer de todo meu coração nEle, por Ele e para Ele. Amém.

Como podemos perceber nesta meditação da festa de Santo Zacarias e Isabel, não é uma festa dedicada a Maria, mas Foucauld salienta a importância de Maria nos fatos da celebração festiva do dia. Na festa de 30 de novembro, ele menciona muito o amor de Maria e de José para com a criança que está no ventre de Maria, Jesus, e que faltam apenas 25 dias para o nascimento desta criança. Ele relembra o silêncio, o isolamento que os pais de Jesus fazem.

Na festividade da Imaculada Conceição da Bem-aventurada Virgem Maria, Charles de Foucauld escreveu:

Ainda faltam 17 dias, meu Deus! Logo, não temos mais que 2 semanas!... que o tempo passe bem rápido! O santo tempo daquEle que vem, esse tempo santo, esse tempo de recolhimento, de adoração mais profunda, esse tempo de silêncio e de retiro, de admiração muda longe dos olhares dos homens, esse tempo passa rápido perto de si e se torna suave...Santa Virgem, São José rezem por nós. Obtém-nos de passar estes últimos dias do Advento como Nosso Senhor quer que o passemos!...

A Imaculada Conceição de nossa Mãe Bem-Amada ...Veja um dia de festa para a piedosa casa de Nazaré...uma festa para José, uma hora de reconhecimento profundo por Maria: Fecit mihi magna qui potens est. São José, meu querido pai, uni-me à vossa alegria, obtém-me um coração de verdadeiro filho de Maria como também um verdadeiro irmãozinho de Jesus... Minha Mãe, Santíssima Virgem, vós sabeis que eu vos amo mais que tudo, depois de Jesus, fazei-me passar esta festa e todos os dias de minha vida como quer o vosso coração...Minha Mãe, me veja durante este tempo santo do Advento aos pés de Jesus, preso ao vosso seio entre vós e José, nessa casa bem amada de Nazaré, eu adoro convosco aquEle que vem bem se fazer vosso filho...Eu me coloco convosco e São José aos seus pés, no silêncio, na admiração, na gratidão, na adoração...e pensando nEle e O contemplando, eu vos vejo e eu vos amo...Ele vos ama tanto, Ele, que vos abençoa entre todas as mulheres! Em vós, no seu coração de homem Ele junta vossas alegrias e vossas glórias...Ele ama tanto todos os homens! E Ele vos ama mais que todos os homens juntos, mais que todos os santos e todos os anjos, mais que todo o universo reunido! O Coração de Jesus que ama tanto, sofre tanto e alegra-se tanto! Ele alegra-se neste dia pensando na vossa Imaculada Conceição e dirige o vosso bem-aventurado caminho e da vossa glória ...dia feliz para o mundo, sinal de sua redenção...dia feliz para vós, minha Mãe começando no vosso caminho para Deus, bem doce para nosso Senhor, começando da glória de sua mãe bem-amada. Meu Deus, faça-me passar, faça-me passar a todos vossos filhos este dia abençoado como vós quereis. Amém.

No dia 10 de dezembro é celebrada a festa da translação da casa da Bem-aventurada Virgem Maria à Lorette. Esta festa é celebrada desde 1294. Percebemos que mesmo sendo festa de outros santos, Charles de Foucauld está atento no dia a dia da aproximação do nascimento de Jesus. Vejamos a meditação de Foucauld neste dia da translação:

Ainda quinze dias!... Santa Virgem, São José, não es-pereis mais passar na vossa casa de Nazaré onde vós viveis dias felizes... Vossos dias serão sempre felizes pois estareis sempre com o vosso Bem-Amado de vos-sas almas/vidas e vossa bondade aumenta, pois vós tendes o melhor dos melhores...Ele será visto por vós cada vez mais...Ele se mostrará e Ele abrirá vossos olhos. Cada dia de vossa vida, Ele abrirá mais vossos olhos e se deixará ver por vós com novas clarezas... Mas, por outro lado, nunca tereis no resto de tua vida o poder da alegria nEle em um recolhimento também profundo, um retiro, um silêncio também perfeito, um esquecimento completo e coisas materiais e tudo o que é terreno, que vós víeis fazer durante esses últimos meses de estadia a Nazaré, durante estas últimas se-manas, este tempo santo do Advento?

Quando Nosso Senhor nascer, Ele vos fará trabalhar bem mais, Ele vos distrairá de vosso trabalho olhando--O, em uma contemplação perfeita; mas enfim isto não é tudo, isto faz esquecer absolutamente tudo que é ter-reno; e por causa de Jesus, por Ele, vós sereis obriga-dos de sair, não da alma, mas do corpo, do recolhimento profundo: isto será mais perfeito ainda; vossa perfeição crerá todos os dias; e todos os dias vós chorareis mais a Deus; mas isto poderá ser menos agradável...Alegre--se de sobreviver a este último dia que vós passeis a Nazaré antes de partir para Belém, e fazei-me alegrar convosco, fazendo-me partilhar convosco vosso amor, vossa adoração, vossa contemplação, vosso recolhi-mento, vosso silêncio, em me colocando entre vós e à medida do possível como vós aos pés de Jesus...nEle, por Ele e para Ele. Amém.

Foucauld, imaginando-se a translação da casa de Nazaré e pensando na situação do nascimento de Jesus, mesmo lembrando da presença de Maria, volta neste mes-mo dia a escrever:

E abençoais, eu vos peço por todos os homens, vos-sos filhos...Nós estamos na oitava da Imaculada Con-ceição. Mãe Imaculada eu não esqueci de lembrar-vos sem cessar de mim; e estando convosco e José aos pés de Jesus escondido faze-me agradecer a Deus a vossa Concepção que me dá alegria, mãe bem-amada...E veja a festa desta feliz casa de Lorette, onde a metade ficou em Nazaré, na rocha onde ela estava entalhada e a outra metade transportada pelos anjos a Lorette... Casa abençoada onde eu vou a cada dia, casa querida onde eu ajoelho frequente, onde eu tantas vezes adorei, tantas vezes recebi vosso Corpo Sagrado; ó Jesus! Casa onde se parece com a época, existe há 19 séculos. Maria e José passaram aos pés de Jesus escondidos, os últimos dias do Advento em uma feliz contemplação, casa que viveu Jesus criança nos braços de sua Mãe, Jesus adolescente, filho modelo e de uma amabilidade infinita; Jesus: Jesus homem, reservada ao último suspiro de seu pai para morrer, Jesus homem, trabalhador para sustentar sua mãe e fornecer pelo seu trabalho o que julgam necessário à casa santa...Casa que esteve durante 30 anos compreendido a voz de Jesus, casa a qual entre os muros bateu seu Coração; casa onde esta parte de sua vida uma constante oração elevada ao céu, casa olha pelo Pai celeste durante os 30 anos com um amor divino, casa que foi um céu, onde a rainha dos anjos e seu esposo adoraram durante 30 anos com milhões de anjos o Rei dos céus vivendo no meio deles...Seja bendita ó casa santa! E vós, ó minha Mãe que continuais residir em espírito em um lugar que vos foi querido/caro para um hóspede divino que veio, abençoai todos aqueles que são devotos a esta casa querida, que celebram seu culto e o vosso, abençoai todos os homens, que todos estejam no vosso coração como no coração de Jesus...Amém.

No dia 25 de dezembro ele escreveu:

São 2 a 3 horas da manhã...A missa da meia noite é celebrada: Eu recebi entre meus lábios vosso corpo santo, Vós sois dado a mim...vós estais em mim como estivestes há mil novecentos anos, entrou no mundo.... Meu Senhor Jesus o mundo não vos recebeu...Oh! eu quero vos receber! ..., Mas com todo o meu desejo o que tenho eu para vos oferecer? Tenho eu, melhor a vos oferecer que uma gruta fria, escura, suja, habita-da por bois e asnos, pela natureza em Boutaleb (co-munidade localizada na província de Sétif, Argélia), os pensamentos terrestres, os sentimentos baixos e grotescos? Veja meu Deus, eu reconheço, é esta tris-te hospitalidade que eu vos ofereço. Perdão, perdão, perdão, perdão de ter pouco trabalhado com ajuda das graças numerosas que vós me haveis dado para fa-zer desta gruta de minha alma/vida, onde eu sabia que vós devíeis entrar, uma permanência menos indigna de Vós; uma permanência quente, clara, limpa, ornada de vossos pensamentos...Mas isso que eu não tenho feito, faça-o Senhor Jesus! Iluminai esta gruta de mi-nha alma/vida, ó divino Sol! Aquecei-a, purificai-a... Vós estejais nela, transformai-a por vossos raios...Obtenha para mim esta graça, ó meu Pai e minha Mãe! Ó santa Virgem e são José! Que fazeis vós, todos os dois, nes-te momento? Vós adorais, recolhidos, silenciosos, vós vos perdeis em uma contemplação sem fim curvando, baixando para olhar aquele que vós tendes, depois de alguns instantes, adorado, escondido...Como vós O olhais! Que amor, que adoração nos vossos olhos e nos vossos corações!...Ó minha mãe, vós o tendes em vossos braços, como o aqueceis sobre vosso coração, vos o mantendes apertado contra vós!...Como vós o abraçais!...Como o alimentais!... como vós o prodigueis à fé, adorações e o respeito a vosso Deus, e a ternu-ra, as carícias, os cuidados que exigem uma criança pequena...E vós S. José como vós vos mostrais ver-dadeiro pai para Jesus, como vós O olhais, como vós O adorais! e ao mesmo tempo como vós O cuidais e o cariciais! Como vosso infinito respeito e vossa ado-ração profunda vos impede pouco de o cariciar!...Ao contrário, vós sentis que esta Criança divina não deve ser mais desprovida de carícias, de ternuras do que as crianças comuns...ele deve receber mil vezes mais que alguns, algumas...Também vocês dois O consolais... Santos pais...Vossa noite e toda vossa vida é modifi-cada, são partilhadas em duas ocupações, a adoração imóvel e silenciosa e as carícias, os cuidados empre-gados e devotados à boa ternura...Mas ,seja imóvel, seja agindo, vossa contemplação não para; vosso coração, vosso espírito e vossa alma não cessam de estar inebriadas e perdidas no amor...Faça que minha vida se conforme com a vossa, ó pais abençoados, que ela se passe como a vossa, a adorar Jesus ou a trabalhar para Ele, sempre encantados no seu amor nEle, para Ele e por Ele. Amém.

No dia 23 de janeiro de 1898, celebrou-se a festa litúrgica do noivado de Nossa Senhora com São José. Nos dias de hoje esta festa é conhecida como 'dia da família'. Foucauld segue a mesma linha de meditação, porém não convida Madalena e outros santos a estarem com ele. Charles desenvolve toda uma reflexão salientando a grandeza dos nomes Maria, Jesus e José e considerando estes três nomes como inseparáveis, Foucauld se coloca como indigno, cheio de falhas e pede a Jesus que troque seu coração de pedra em coração de carne. E, assim termina com a seguinte oração:

> Ó meu Senhor Jesus, que me tens dado por vocação de viver de vossa vida, ao calor de vossa família, como vosso irmãozinho, faz-me a graça de os amar como eu devo amá-Los, e convosco vossos santos pais são e devem ser eternamente os meus...e, que eu também esteja eternamente e amorosamente ligado aos três nomes abençoados, Jesus, Maria e José. Faça-me passar, meu Senhor Jesus, esta noite e o dia de amanhã no amor de Maria e de José e na vossa contemplação e vossa adoração, e em Vós, por Vós e para Vós. Amém

Ouçamos agora o que Charles de Foucauld disse de Maria em sua festa da aparição na cidade de Lourdes na França, no dia 11 de fevereiro de 1858:

> Minha bem-aventurada mãe, vós tendes uma bela festa, festa desejada ao meu coração, ao meu pai José, coloca-me entre vós como nosso divino senhor Jesus... Coloca-me entre vós num lado da hotelaria onde vós estais instalados para passar a noite: outros viajantes estão lá estendidos não longe de vós a alguns passos

cansados do trabalho, no pátio; todos repousam; o silêncio se faz a nossa volta; as conversas cessaram, os incêndios (fogueiras) saíram de vossos caminhos: alguns somente brilham aqui e acolá e junta um leve luar: todos dormem a nossa volta...tudo está envolvido na sombra. Mas vós, como vós velais! Mas vós, que luz brilha na vossa alma. É esta luz do paraíso onde não há mais sol nem lua mas onde o Cristo ilumina os eleitos... Vós na vossa pobreza, pequeno lado obscuro, vós estais no brilho, na claridade espumante, é a claridade do céu que desce nas vossas almas/vidas e inunda de luz e de calor... Ó meus bem-amados pais, tomai-me entre vós, junto a vós, faze-me velar convosco esta noite e todas as noites e todos os dias de minha vida, colocais entre meus braços de tempo em tempo a criança divina Jesus, e que o resto do tempo eu O contemple e O adore nos vossos...Medi meu sono, eu estarei bem tranquilo para velar e vigiar sempre, dormir o menos possível, coloquem nisto como em tudo eu não quero minha vontade mas aquela de nosso Senhor Jesus: faça-me dormir o tanto que Ele quer que eu durma; protegei esta noite o meu sono e sempre, vigiai sobre mim ao mesmo tempo que vigiai sobre o meu Senhor Jesus, faça-me que mesmo dormindo eu pense nEle, eu sonho com Ele, eu O adore, e às vezes, que eu durma o tanto que Ele quer que eu durma, despertai-me, façais-me levantar, colocai-me aos seus pés, façais-me entrar convosco na vossa contemplação e vossa adoração e que elas durem o resto da noite, todo o dia, e sempre, sempre, como as vossas. Amém

E assim após terminar ele deixou a seguinte frase:

E eu vos peço a mesma graça para todos os homens, ao nome desse doce Menino Jesus, por Ele e para Ele.

Eu não poderia evitar de mencionar que em alguns outros dias ele falou de Virgem do Perpétuo Socorro.

Quando Charles de Foucauld tinha 40 anos de idade, em um retiro ele teve uma melhor compreensão da visitação de Maria a sua prima Santa Isabel. Ele escreveu a sua prima Maria lembrando que foi esta prima que o conduziu a Jesus:

> Vós sois bom, meu Deus [...] Na visitação Vós fostes santificar S. João, e Sua família...[...] É Vós que fostes a João; [...] e isto é verdade para todos os homens, para S. João, o maior dentre eles, e para mim, o último dos pecadores. Oh! meu Deus, como sois bom! Que IVós me haveis procurado, escolheu-me e não eu que vos escolhi e procurei![...] Vós viestes, trazido por uma outra Maria, [...] e Vós me santificastes sem que eu fizesse nada, fizestes tudo por mim, Vós só, com a ajuda daquela que Vos trouxe, como Vós fazeis tudo por S. João, Só com Maria!

Assim que ele visualizou o caminho que deveria percorrer seguindo a imitação da Virgem para anunciar a chegada de Jesus, ele comunica a um trapista em forma de um conto e uma proposta de viagem. Disse sobre o programa desta viagem no dia 28 de janeiro de 1898:

> No dia 3 de fevereiro, nós iremos se você quiser, no meio da noite seguir o caminho do Egito com Nosso Senhor e com seus pais; a Santa Virgem e S. José. O caminho é longo; nós viajaremos com eles no início pelas montanhas, em seguida nos lugares planos, até a quarta-feira de cinzas. Então nós envelheceremos 30 anos, e nós iremos ao deserto da Quarentena: nós jejuaremos, nós rezaremos, nós adoraremos com Jesus nosso Pai. Quatro semanas antes da Páscoa, nós iremos a Betânia ressuscitar Lázaro e nós iremos fazer um retiro da 8ª, 10 dias em Efrem, a sete ligas ao norte de Jerusalém...[...] Nós consideraremos como companhia Nosso bem-amado Jesus.

No seu retiro de 8 dias em Efrém, em 1898, ocorrido desde a segunda feira após o terceiro domingo da quaresma até a segunda feira após o quarto domingo da quaresma, ele começa a escrever às 3 horas da manhã:

> Meu Senhor Jesus, obrigado por eu estar velando,

obrigado por eu ser chamado a velar convosco, entre a Santa Virgem e a Santa Madalena. Como sois bom!... Tudo dorme ainda na casa e lá fora! Só Vós velais com vossa Mãe e vossa adorável fiel...oh! como sois bom, meu Deus, de me ter feito levantar e chamado a velar, convosco entre elas!...estar silenciosos, de joelhos; Vós rezais a vosso Pai, vós O contemplais, vós ofereceis a Ele esses homens para os quais Vós viestes sobre a terra; esses que Vós estivestes perto de início, pois todos os outros presentes e futuros...Vossa Mãe e Santa Madalena estão bem perto de Vós, de joelhos, como Vós, um pouco mais atrás, de maneira que possam Vos ver, e elas O contemplam, elas não tiram os olhos de Vós, elas Vos adoram interiormente e seu amor se perde em Vós, em um amor e uma adoração sem fim. O Seu coração está partido entre a alegria e a dor; às vezes elas se alegram de estar perto de Vós, só convosco, de Vos possuir, de Vos estar assim perto delas, nesta solidão e nesse silêncio. Durante essas horas de calma, paz e de oração...às vezes uma visão sangrenta passa diante de seus olhos, e elas se dizem dolorosamente; nos 25 dias, onde estará Ele? Entre seus carrascos, amarrado, sofrido e açoitado, e algumas horas depois, todo este Corpo bem amado, que nós adoramos tão docemente, não será mais do que uma placa de sangue. Ele será pregado a uma cruz, e Ele morre!...E então, vossa dor, ó minha Mãe, ó Madalena, é grande como o mar; vossos olhos marejados de lagrimas, e anjos de paz, vos choram amargamente... Oh! minha Mãe, Mãe do Perpétuo Socorro! E vós minha mãe, santa Madalena, coloque-me entre vós durante estas horas de vigília, eu vos dou minha alma, faça-a partilhar de vosso sentimento, vosso amor, vossa alegria e vossa dor, faça o que queiras, eu vos peço uma coisa: servir-vos em fazer dela o que mais consola o Coração de Nosso Senhor!...Eu me entrego a vós para sempre, ó minhas mães bem-amadas; que eu console N. Sr. Jesus o mais possível todos os momentos de minha vida!...

Ó meu Deus, obrigado por estar a Vossos pés!...Minha alma falha, Vós sois divinamente bom!. Vós me amais... não é loucura do pensamento?...Vós, Deus perfeito, me amar, a mim, pobre criatura e, besta! Mau, se solto, caio mil vezes por dia; não, isto não é loucura, é verdade, é a verdade do Vosso Coração divino, e Vosso Amor está longe de nossos amores, e Vosso coração longe de nossos corações!...Sim, é verdade, Vós me amais, todo nada e miséria que sou... Vós nos dissestes, Vós digneis dizer, isto basta...mas, quando Vós não me teria dito, O único motivo de me fazer viver, de me chamar para vigiar convosco, entre Vossa Mãe e Santa Madalena, não prova o bastante? Oh! Meu Deus, como sois bom! Como sou feliz! Meu Deus, eu Vos amo, eu Vos adoro, faça-me, meu Deus, com nossa Mãe e Santa Madalena, me perder e estar em Ti na Vossa contemplação e Vosso amor!...

8 horas da manhã – Nós estamos perto de Vós, a Santa Virgem, santa Madalena, os apóstolos, e este ser indigno e miserável a quem Vós permitis de estar a Vossos pés...O quarto está fechado..., algum barulho de fora vem, o som da chuva. Vós abris a boca e Vós falais, meu Deus...todos vos olham, todos vos escutam, com que amor e com qual cuidado!...Vós tendes, dizeis, ainda 8 dias a passar em Efrém, Vós falareis terça próxima, amanhã em 8 para ir a Galileia, onde Vós passareis, pois sexta quinze, Vós voltareis a Belém, e sexta em três semanas, dia da imolação da Páscoa, onde será também o dia da imolação do Cordeiro de Deus(ó Jesus, que dizeis Vós?)...Durante estes últimos 8 dias de retiro, Vós ireis passar com vossos filhos, que vos cercam, os principais atos de Vossa vida...Vós sois o caminho, a verdade e a verdadeira vida. Vós sereis sempre, pela Vossa graça e Vosso sacramento, a vida das almas, e Vós falareis largamente sempre sobre esta vida; quanto à verdade e o caminho. Vós tendes dado à terra até a Ascensão: mas então será o fim; isto fará a terra viver de lembranças, até o final dos tempos; Vossos ensinamentos e Vossos exemplos estarão juntos todas as vezes e o caminho e a verdade.

A Encarnação

Vejais nesta Encarnação, o amor pelos homens, o

amor que Deus por eles e, por consequência que deveis ter por Seu exemplo, por ser perfeito como Vosso Pai celeste é perfeito... Este amor, como ele é ativo, agindo como ele é profundo, Ele faz cruzar duma borda a distância que separa o finito do infinito, e Ele faz empregar, para nossa salvação, esse meio exterior, incrível, a Encarnação: Ele, Deus, Criador, vem viver sobre a terra...

[o Cristo]: Vejais este devotamento aos homens, e examineis qual deve ser o caminho. Vejais esta humildade para o bem dos homens, e aprendeis a vos abaixar para fazer o bem, a ir primeiro às almas, como eu fui primeiro a ir às almas...a vos fazer pequeno para ganhar os outros; não tenha medo de descer, de perder vossos direitos quando há o propósito de fazer o bem às almas; a não crer, não mais, que curvados, nos colocamos impotentes de fazer o bem; ao contrário, curvado, me imita, descendo no emprego, por amor das almas, o meio que eu tenho empregado; curvado, andando no meu caminho, por consequência, na verdade, é o melhor lugar para ter a vida e a dar aos outros; pois o melhor lugar para isto, é sempre a minha imitação. Eu me coloco na fileira das criaturas pela minha Encarnação, o batismo: descer, descer, humildade, humildade... curvar sempre, humilhai-vos sempre; que aqueles que são os primeiros sempre se tem, pois a humildade e a disposição do espírito, ao último lugar, em sentimento de descida e de serviço...Amor dos homens, humildade, último lugar, no último lugar tanto que a vontade divina não vos chame a um outro, pois então é necessário obedecer: a obediência antes de tudo...a conformidade à vontade de Deus. No primeiro lugar, estejais no último pelo espírito, pela humildade; ocupais em espírito de serviço, dizendo que vós estais para servir os outros e os conduzis à salvação e que, mesmo que vós mandeis, vós estejais ali para servir, pois que vós sereis mandados ao final para se santificar...

E Charles de Foucauld explicará cada vez melhor à medida que vai colocando em prática a compreensão de sua vocação. No retiro de Pentecostes de 1899 realizado em Nazareth, como regra de vida ele optou pela recitação do Rosário em vez do Breviário, uma vez que não estava mais nas ordens sagradas e nem se preparava para tal. Ele estabeleceu para esse Rosário uma concordância entre os 15 Mistérios e as Virtudes de Jesus, dispondo este método de oração sobre uma madeira na qual foi feito um desenho onde o centro é ocupado por um Coração com uma cruz acima e com a inscrição Jesus Caritas e no verso traz os conselhos do Pe. Huvelin obtidos por uma carta de 30 de maio 1899. As fotos foram extraídas do livro de Six:

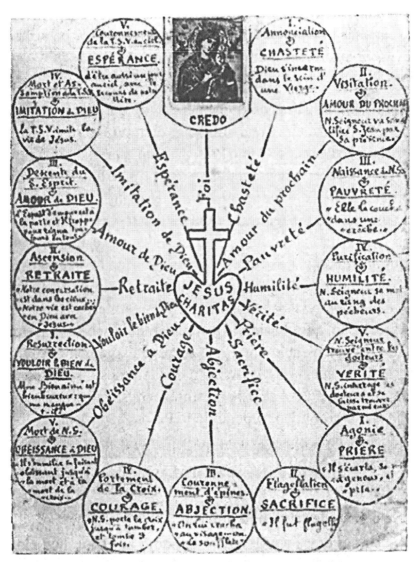

Frente e verso de uma tábua de meditação que irmão Charles confeccionou sobre os mistérios do Rosário.

Maria, Mãe de Jesus, na vida de Charles de Foucauld

Percebemos nesse momento que ao não estar na ordem religiosa, seu comportamento volta a ser o de leigo no mundo. Em vez de breviários e leituras litúrgicas pré--estabelecidas ele faz a opção da oração dos pobres: reza do rosário entrelaçado com as virtudes de Jesus.

Sua mente fértil conseguia imaginar toda a situação de Jesus, Maria e José. Isso era possível pois antes ele visitara estes lugares sagrados. Assim ele seguirá como ideal de sua vida este caminho simples, porém não fácil e sem dor, de levar Jesus aos outros e seguirá este ideal como vocação de sua vida. Escreveu ao Pe. Huvelin, seu confessor e orientador da cidade argelina de Beni Abbès:

> *É amanhã a festa da Visitação – carregar JESUS em silêncio na casa daqueles que O ignoram e os santificar por esta divina presença, como Maria levou JESUS em silêncio na casa de S. João na Visitação – é meu ideal há dez anos. Eu me vejo ainda há dez anos, a Akbès, escrevendo isto a você naquela festa da Visitação...*

E na festa de Nossa Senhora do Bom Conselho, no dia 26 de abril de 1900 ele escreveu ao Pe. Huvelin

> Ontem na festa de S. Marcos, eu vi com grande clareza...Como é hoje a festa de Nossa Senhora do Bom Conselho, eu me sensibilizei colocando-me sob sua proteção, eu posso e devo aproveitar de uma festa tão propícia para fazer uma escolha e tomar decisão em momento tão difícil (em um ponto tão grave), em *deixando mestre de todo bem entendido*, 'quem vos escuta, a mim escuta'...Eu obtive a permissão de passar a noite diante do Santíssimo Sacramento, e lá, rezarei melhor, minha boa Mãe, a Santa Virgem, fiz uma longa escolha que eu resumo.

E no dia 7 de maio de 1900, de Nazaré, volta a escrever uma carta a Huvelin e aqui está o trecho que fala de Maria:

Significar com algum companheiro a vida da Santa Virgem no seu Mistério da Visitação, quer dizer,; santificar os povos infiéis do país de missão levando ao meio deles em silêncio, sem pregar, o Santíssimo Sacramento e à prática das virtudes evangélicas, meu ideal não é vaidade, mas ele toma a sua forma, retira o que tem de indeciso e se fixa...

E tentará explicar melhor a compreensão deste mistério da visitação, escrevendo a um padre trapista:

Eu quero para mim o que devo fazer para os outros: 'Faça aos outros o que quer que eles te façam', e eu o devo fazer para os mais esquecidos, para os mais abandonados, ir às ovelhas mais perdidas, [...] Eu não acho que eu posso fazer-lhes qualquer bem maior do que o seu, como Maria na casa de João, no momento da Visitação, Jesus, o bem dos bens, [...]. Ao mesmo tempo, mantendo-nos em silêncio, faríamos conhecer a esses irmãos, não por palavra, mas pelo exemplo e acima de tudo pela caridade universal, o que nossa religião é, e o que é o espírito cristão, o que é o CORAÇÃO de JESUS.

E com toda a clareza de seu caminho a tomar, termina os estudos de preparação ao sacerdócio. Quando ordenado, parte para a Argélia e instala-se em Beni Abbés.

Maria e os mulçumanos

E lembra-lhes, Muhammad, de quando os anjos disseram, 'Ó Maria! Por certo Deus te escolheu e te purificou, e te escolheu sobre todas as outras mulheres dos mundos. Ó Maria! Sê devota a teu Senhor e prostra-te e curva-te com os que se curvam (em oração)."
(Surata 3:42-43)

Desconheço o mundo mulçumano, mas a internet, por meio de seus links, forneceu dados que podem estar neste capítulo uma vez que Charles de Foucauld aceitou o convite de Deus para seguí-LO entre um povo mulçumano. As leituras levaram a entender que o mundo mulçumano também tem várias linhas de pensamento. Encontrei que o Alcorão[1] não é muito explícito sobre a Virgem Mãe de Deus porém, na sua grande maioria, afirma que a Virgem Maria é muito importante para o mundo mulçumano e poderemos ver o porquê. Não posso omitir que entre os links pesquisados também haviam católicos falando sobre o Alcorão mas eu penso que quem entende de Alcorão só pode ser quem é mulçumano e o estuda.

Uma das primeiras informações que me fez ficar atento é de que O Alcorão possui toda uma Surata sobre a Virgem Maria, exaltando sua figura como mãe do Profeta Jesus. Ela, a Virgem Maria, é muito especial e é considerada no Islã a melhor mulher existente na humanidade. O que mais chama atenção é que ela é a única mulher, citada trinta e quatro vezes no Alcorão.

O Alcorão nos diz que Maria foi um exemplo de Deus:

> "E Deus propõe o exemplo (para aqueles que creem) de Maria, a filha de Heli, que guardou sua castidade; então sopramos nela Nosso Espírito (ou seja, Gabriel), e ela acreditou nas palavras de seu Senhor e Seus Livros e foi devotadamente obediente." (Alcorão 66:12)

No Islã tem-se como crença e fato verdadeiro, que Maria concebeu Jesus no seu estado de virgindade. Ela era bem conhecida pelas suas práticas devocionais, de muita oração e castidade. Por este motivo ela conseguiu trazer um milagre como o de Jesus, que nasceu sem pai; teve apenas um protetor.

No mundo islâmico, Maria é conhecida com natureza especial pois fez muitos milagres provados em sua tenra infância e se destaca na sua origem como oferta a Deus no nascimento pois sua mãe Hannah a prometeu a Deus no seu nascimento:

> "Por certo Deus escolheu Adão, Noé e a família de Abraão e a família de Heli sobre todas as outras da criação. São descendentes, uns dos outros, e Deus é Oniouvinte, Onisciente. Lembra quando a esposa de Heli (Hannah; também Ana) disse: 'Ó meu Senhor! Eu consagro a Ti o que há em meu ventre para ser dedicado aos Teus serviços (servir Teu Lugar de adoração); então aceita-o de mim. Verdadeiramente, Tu és O Oniouvinte, O Onisciente." (Alcorão 3:35)

Maria era filha de Heli e sua esposa Hannah, descendentes de Davi, uma família de profetas, de Abraão a Noé, a Adão, Ela nasceu em família com ascendentes escolhidos por Deus. Heli era descendente de Abraão. Hannah era uma mulher estéril que desejava uma criança, e ela prometeu a Deus que, se Ele lhe concedesse um filho, ela o consagraria a Seu serviço no Templo. Quando ela deu à luz, assustou-se e entristeceu-se pois a criança era uma menina e no templo só aceitavam meninos para prestarem serviços no Bait-ul-Maqdis.

> "E quando deu à luz, ela disse, 'Meu Senhor! Eu tive uma menina...e o menino não é igual à menina."

Deus a repreendeu dizendo:

> "Deus sabe melhor o que ela deu à luz..." (Alcorão 3:36)

Assim, Maria a escolhida a ser mãe de um dos maiores milagres: o nascimento virginal de Jesus, que Deus o exalte. Hannah chamou a sua filha de Maria (Mariam em árabe) e:

> "E eu a chamei de Maria (Mariam), e a entrego e a sua descendência à Tua proteção, contra o maldito Satanás." (Alcorão 3:36)

Deus ouviu e atendeu a essa súplica. Deus naõ permitiu que Maria e seu filho fossem atingidos por Satanás ao nascer. O Profeta Muhammad, que Deus o exalte, disse:

> "Todos que nascem Satanás toca ao nascer, e a criança nasce chorando por causa de seu toque, exceto Maria e seu filho (Jesus)." (Ahmed)

Maria aqui é apresentada como sem mancha porque não fora tocada por Satanás. Lembra-nos da Imaculada Conceição porém o Islã não propaga a teoria do 'pecado original'. Foi uma graça gratuita dada por Deus a Maria e a seu filho Jesus.

> "Então seu Senhor acolheu-a com bela acolhida, e fê-la crescer em pureza e beleza, e a confiou aos cuidados

de Zacarias." (Alcorão 3:37)

No nascimento de Maria, sua mãe Hannah a levou a Bait-ul-Maqdis e a deixou crescer neste templo. Devido à qualidade da religiosidade de Heli e Hannah, no templo tiraram a sorte para ver quem educaria tão especial criança e coube ao profeta Zacarias esta difícil tarefa. Maria crescia e Zacarias percebeu suas características especiais a alguns milagres que aconteciam em torno dela.

Vejamos: Maria tinha um quarto dentro do templo onde ela vivia reclusa. Então diz o alcorão:

> "Cada vez que Zacarias entrava na câmara, ele a encontrava provida com sustento. Ele disse, 'Ó Maria! De onde te provém isso?' Ela respondia, 'De Deus.' Certamente Deus concede sustento sem medida a quem Ele quer." (Alcorão 3:37)

E continua:

> "Quando os anjos disseram, 'Ó Maria! Deus te escolheu e te purificou (devido à tua adoração e devoção), e te escolheu (fazendo-te mãe do profeta Jesus) sobre todas as mulheres dos mundos. Ó Maria! Ore a teu Senhor devotadamente, e te prostra e te curva com aqueles que se curvam.'" (Alcorão 3:42-43)

Pelo fato de Maria ter sido escolhida de Deus e de ser visitada pelos anjos, o Islã a considera detentora da posição mais alta entre todas as mulheres da criação devido à sua piedade e devoção, e devido ao nascimento milagroso de Jesus.

Assim chegou o dia da anunciação. O Alcorão nos diz:

> "Quando os anjos disseram, 'Ó Maria! Certamente

Deus te dá as boas novas de um Verbo (Sua palavra, 'Sê') Dele, cujo nome é o Messias, Jesus, filho de Maria, honorável nesse mundo e no Outro, e entre os próximos a Deus. Ele falará aos homens ainda no berço, e na maturidade, e será dos virtuosos.' Ela disse, 'Meu Senhor, como poderei ter um filho se nenhum homem me tocou?' Ele disse, 'Assim é, Deus cria o que Ele quer. Quando Ele decreta algo, apenas diz-lhe 'Sê', e é. E Ele lhe ensinará o Livro e a Sabedoria, e o Torá e o Evangelho." (Alcorão 3:45-48)

Isso se parece muito com as palavras mencionadas na Bíblia:

"Não tenhas medo, Maria, porque fostes favorecida por Deus. Muito em breve ficarás grávida e terás um menino, a quem chamarás Jesus."

Surpresa e sem muito compreender, ela respondeu:

"Mas como posso ter um filho, se sou virgem?" (Lucas 1:26-38)

Maria tinha consciência das consequências do aceite do convite de Deus. Ela conhecia como seria colocada de lado socialmente por gerar um filho sem pai e sem casamento. Mas o Alcorão continua:

"E menciona no Livro, Maria, quando ela se isolou de seu povo em um lugar na direção do oriente. E colocou um véu entre ela e eles; então Nós enviamos Nosso Espírito (Gabriel), e ele apareceu como um homem em todos os aspectos. Ela disse, 'Verdadeiramente eu me refugio no Misericordioso (Deus) contra ti, temes a Deus.' Ele disse, 'Eu sou apenas um mensageiro de teu Senhor, (para te anunciar) a dádiva de um filho virtuoso.' (Alcorão 19:17-19)

Surpresa e podemos dizer, assustada, ela exclamou

"Ela disse, 'Como poderei ter um filho, se nenhum homem me tocou e eu nunca fui mundana?!'" (Alcorão 19:19-20)

E o anjo tentará explicar:

"Ele disse, 'Assim será,' teu Senhor disse: 'Isso é fácil para Mim, e farei dele um sinal para os homens, e Misericórdia de Nossa parte, e essa é uma questão que já foi decretada.'" (Alcorão 19:21)

E, neste momento, Deus pelo anjo Gabriel soprou em Maria o espírito de Jesus e Jesus foi concebido em seu ventre, como confirma a passagem do Alcorão:

"E Maria, a filha de Heli, que guardou sua castidade, Nós sopramos nela através de Nosso Espírito (Gabriel)." (Alcorão 66:12)

Neste momento o Islão apresenta Maria com um sofrimento muito maior. Ela não era noiva e nem casada para eles, mas sim teve de sofrer os ataques sociais pois sua gravidez se passara fora do casamento. Maria teve de partir daí para uma outra terra. Deus diz:

"E ela o concebeu, e se isolou com ele em um lugar remoto. As dores do parto a levaram ao tronco de uma palmeira." (Alcorão 19:22-23)

Em um dos links encontramos integralmente o texto abaixo:

A versão mais divulgada deste célebre hadîth: *"Todos os filhos recém-nascidos de Adão são tocados por Satã, menos o Filho de Maria e sua Mãe; quando acontece tal contato, a criança dá o seu primeiro grito"*.
Maria, mãe de Jesus, é assim referenciada no Corão (Sura 3:42): Recorda-te de quando os anjos disseram *"Ó Maria, é certo que Allah te elegeu e te purificou, e*

te preferiu a todas as mulheres da humanidade! Allah manifesta Sua suprema vontade através de infinitas e magníficas formas. Através do milagre da vida, da sofisticação da consciência, da imensidão do espaço, da incomensurabilidade do tempo,... Dentre as majestosas expressões de Seus atos, Allah criou Adão (as) por Sua vontade, sem pai nem mãe, criou Eva a partir de Adão (as), porém sem mãe e criou Jesus (as) a partir de Maria (as), porém sem pai. Quando Allah deseja criar, Ele manifesta o comando "Seja" e aquilo que é comandado aparece de imediato.

Todos os comentários reproduzem este primeiro hadîth, que está entre as mais sólidas tradições do Islã, visto que está incluído nas duas antologias que usufruem de autoridade máxima: A de Boukhari e a de Mouslime.

E quem cuidará de Jesus?

Após um tempo de penúria, durante o qual Zacarias, já muito idoso, não tinha mais forças para vencer as dificuldades materiais e assegurar o necessário para a subsistência de Maria foi necessário encontrar alguém que cuidasse de Maria e de Jesus. Então, um carpinteiro chamado Jourayj, assumiu tal missão. Um texto antigo diz Jourayj era um monge (râhib) e igualmente carpinteiro. Jourayj exercia sua profissão e provia as necessidades de Maria, abastecendo a casa do pouco que ele conseguia encontrar naqueles tempos difíceis; porém, o pouco que trazia, era milagrosamente aumentado e melhorado, para grande espanto de Zacarias.

O nascimento de Jesus

Na crença cristã, Maria não sofreu as dores do parto. O Islã não suporta essa crença, nem a teoria de 'Pecado Original', mas ao contrário enfatiza fortemente que ninguém deve carregar o pecado de outros:

"Nenhuma alma peca exceto contra si mesma, e nenhuma alma pecadora arca com o pecado de outra." (Alcorão 6:164)

Não apenas isso, mas nem o Alcorão nem o Profeta Muhammad, que Deus o exalte, sequer mencionam que foi Eva quem comeu da árvore e instigou Adão. Ao contrário, o Alcorão culpa ou apenas a Adão ou a ambos:

"E Satanás lhes sussurrou, e os desencaminhou com artifício. Então quando ambos provaram da árvore, o que estava oculto de suas vergonhas (partes íntimas) se tornou manifesto para eles" (Alcorão 7:20-22)

Maria, devido à sua enorme angústia e dor desejou que nunca tivesse sido criada, e exclamou:

"Quem dera tivesse morrido antes disso, e tivesse sido esquecida." (Alcorão 19:23)

Após o parto do bebê, o recém-nascido, Jesus, que Deus o exalte, milagrosamente falou:

"E abaixo dela uma voz chamou-a, 'Não te entristeças, porque o teu Senhor fez correr abaixo de ti um regato. E move em tua direção o tronco da tamareira; ela fará cair sobre ti tâmaras maduras, frescas. Então come e bebe e fica feliz. E se vês alguém, dize, 'De fato fiz votos de silêncio ao Misericordioso e hoje não falarei com pessoa alguma.'" (Alcorão 19:24-26)

Maria se tranquilizou. Mas quando as pessoas viam Maria carregando seu bebe acusavam-na dizendo:

"Ó Maria, com efeito, fizeste uma coisa assombrosa!" (Alcorão 19:27)

Ela simplesmente apontou para Jesus e ele milagrosamente falou, como Deus tinha prometido a ela na anunciação.

> "Ele falará aos homens ainda no berço, e na maturidade, e será dos virtuosos.' (Alcorão 3:46)

Jesus disse às pessoas:

> "Eu sou de fato um servo de Deus. Ele me concedeu o Livro e fez de mim um Profeta, e Ele me fez abençoado onde quer que eu esteja. Ele me recomendou as orações, a caridade, enquanto eu viver. Ele me fez carinhoso com a minha mãe, e Ele não me fez insolente, infeliz. E que a Paz esteja sobre mim no dia em que nasci, e no dia em que morrer, e no dia em que eu for ressuscitado." (Alcorão 19:30-33)

A partir daqui começa o episódio de Jesus.

Maria, Mãe de Jesus, na vida de Charles de Foucauld

Maria no Islã

O Islã dá a Maria a posição de ser a mais perfeita das mulheres criadas. Maria (Mariam) é a única mulher mencionada especificamente pelo nome no Alcorão. Dos 114 capítulos do Alcorão, Maria está entre as 8 pessoas que tem um capítulo próprio como também o seu pai Heli (Imran) dela também. O Profeta Muhammad disse:

> "As melhores mulheres do mundo são quatro: Maria a filha de Heli, Aasiyah a esposa do Faraó, Khadija bint Khuwaylid (a esposa do Profeta Muhammad), e Fátima, a filha de Muhammad, o Mensageiro de Deus." (Al--Tirmidhi)

Maria e Jesus no entender do Islã, foram somente humanos. Ambos foram seres criados e ambos 'nasceram' nesse mundo. Mesmo tendo a proteção de Deus para que não cometessem pecados graves eles ainda estavam sujeitos a cometer erros. Ao contrário do Cristianismo, que considera Maria e Jesus sem pecado, para o Islã ninguém recebeu essa qualidade de perfeição exceto Deus.

O Islã acredita num Deus único e só Ele merece adoração e devoção. Sendo assim, todos os humanos são servos de Deus e precisam de Sua ajuda e misericórdia.

O mesmo é verdadeiro para Maria. Quando os cristãos católicos mencionam aparições da Virgem ou cura por sua intercessão os mulçumanos acreditam que é uma maneira de Satanás desviar as pessoas da adoração e devoção do Único e Verdadeiro Deus. Devoções como a "Ave Maria" recitada sobre o rosário e outros atos de engrandecimento, como a devoção de igrejas e festas específicas para Maria, levam as pessoas a engrandecer e glorificar outros além de Deus.

Nesta situação destaco que atualmente santuários marianos como o da Virgem da África (na Argélia), Nossa Senhora do Líbano (no Líbano) e o de Fátima (Portugal) são frequentados por mulçumanos.

Maria foi uma serva de Deus e sua estória tem sido relatada no Glorioso Alcorão desde o advento do Profeta Muhammad, e continuará assim, inalterada em sua forma pura, até o Dia do Juízo.

A Virgem Maria é considerada, por alguns sufis (mulçumanos que mantém comunhão perfeita com Allah), a Mãe-Sabedoria, a mãe da Profecia e de todos os Profetas; por isso o Islã a chama de siddigah (a sincera), identificando-a com a Sabedoria, com a Santidade, com a Sinceridade e com a total concordância à Verdade.

Maria e a Virgem de Fátima

Podemos perguntar porque os mulçumanos frequentam o Santuário de Fátima. O nome deste lugar homenageia tanto uma princesa muçulmana como também a filha de Maomé. Conta-se que no século XII, exércitos cristãos tomaram cidades da Espanha e Portugal que estavam ocupadas por forças mulçumanas. Um cavaleiro de nome Gonzalo Hermigues e seus companheiros capturaram uma princesa mulçumana chamada Fátima que veio se apaixonar por este cavaleiro e acabaram se casando.

Para finalizar este capítulo, Fulton Sheen fez a seguinte conexão entre a reverência dos mulçumanos em relação a Maria, a filha de Maomé e as aparições de Nossa Senhora de Fátima:

> *"Por que a Santíssima Virgem Maria, no século XX, deveria ter se manifestado em um insignificante povoado de Fátima, para que todas as gerações futuras a conhecessem como 'Nossa Senhora de Fátima'? Como nada acontece fora do céu sem a delicadeza de todos os detalhes, creio que a Virgem escolheu ser conhecida como 'Nossa Senhora de Fátima' como uma promessa e um sinal de esperança para o povo muçulmano e para assegurar que quem tem respeito por ela algum dia também aceitará o seu Divino Filho".*

Maria, Mãe de Jesus, na vida de Charles de Foucauld

O sacerdote sem paróquia na Argélia:
Beni Abbés e Tamanrasset

Em uma carta a Monsenhor Guerim, seu bispo, data-da de 31 de agosto 1901, Foucauld lembra os objetivos do pedido enviado no dia 22 de agosto a Bazin: dê seguran-ça espiritual a nossos soldados...e sobretudo santifique as populações pagãs colocando-se no meio delas Jesus pre-sente no Santíssimo Sacramento, como Maria santificou a casa de João Batista levando Jesus.

Aqui com Gurein ele já é sacerdote. Está na Argélia, no deserto e por isto com a presença do Santíssimo Sacra-mento, Foucauld relembra a santificação de João Batista com a presença de Maria na casa de Isabel, sua prima.

Em novembro de 1901, no dia 17 de julho, ele es-creveu a um trapista. Dentro desta correspondência en-contramos:

> [...] eu estou no lugar destes infelizes mulçumanos que não conhecem Jesus, nem seu Sagrado Coração, nem Maria nossa Mãe, nem a Santa Eucaristia...nada do que faz toda nossa bondade na terra e toda nossa es-perança lá em cima; e se eu conheço meu triste estado, oh! Como eu queria que fosse possível deixar-me fazer o que eu quero para mim, fazer para os outros 'fazeis o que quereis que te façam'...

Neste recorte que acabamos de ver, Charles de Fou-cauld ainda parece não ter claro o amor dos mulçumanos por Maria ou talvez ele tenha considerado bem limitado o

amor mariano dos mulçumanos em relação ao amor mariano dos cristãos.

Aqui ficou uma grande interrogação. Quando Foucauld fez sua pesquisa geográfica aos 25 anos e estudou
arduamente os costumes árabes e os costumes judaicos,
não teria ele lido o Alcorão? Quando ele decidiu ir para a
Argélia como missionário e desbravador, não se ateve aos
usos e costumes dos mulçumanos que lá habitavam? Não
sabia ele dos costumes marianos dos mulçumanos?

E Charles de Foucauld explicará cada vez melhor
assim que sua vida vai sendo colocada em prática e sempre que pensa nos possíveis projetos de seguidores:

> A associação dos irmãos e irmãs do Sagrado Coração
> é dedicada ao Sagrado Coração de Jesus e tem por
> padroeira a Santíssima Virgem Maria ao mistério da
> Visitação; nossa Mãe celeste, é nesse mistério nosso
> modelo, como ela santifica a casa de João levando Je-
> sus, assim nós devemos levar Jesus em torno de nós
> aumentando Sua presença eucarística e O deixando vi-
> ver em nossas vidas. Nós devemos sobretudo O levar
> assim entre os povos pagãos: 'quando estamos plenos
> de Jesus, estamos plenos de caridade'. como Maria va-
> mos "olhar para a frente' e partilhar nosso tesouro Je-
> sus com nossos irmãos pagãos que não O conhecem.

E sua vocação vai clareado aos poucos. Ele disse,
como se Jesus dissesse a ele:

> "Nesse dia, Maria partiu e às pressas foi a uma
> cidade de Judá' : A aqueles a quem me conhecem mas
> de quem não recebeu a missão para pregar, eu lhes
> digo [...] trabalheis para a santificação do mundo, traba-
> lheis como minha mãe: sem palavras, em silêncio, ide
> estabelecer vossos piedosos retiros no meio daqueles
> que O ignoram: leve-me entre eles e estabeleçam [...]
> um tabernáculo e leve o Evangelho não pregando com
> a boca mas pregando-o pelo exemplo, não o anuncian-

do mas vivendo-o: santifiqueis o mundo, levando-me ao mundo[...] como Maria me levou a João: inspirando na Visitação, eu vos dou [...] inspiração a quem deve vos conhecer, dando sua missão, eu vos dou [...] a vossa.

Então, como que Jesus pedisse claramente:

'tua vocação. – pregar o Evangelho em silêncio, como Eu na minha vida escondida, como Maria e José'.

No dia 16 de junho de 1902 Foucauld escreveu a sua prima Marie de Bondy:

O barulho de guerra reprime: mas como eu digo, não posso fazer nada sobre isto, digo: é preciso estar sempre pronto e atento a tudo...É um momento próprio para a alma/vida: se sentir sempre perto , ao limite da eternidade é uma doçura extrema; e ao mesmo tempo é bom para a alma/vida...Certa ruptura dos indígenas fazem crer que vamos dar nossos passos (nós temos uma guarnição enorme) mas um posto vizinho mais fraco domingo próximo: é justamente a festa de Nossa Senhora do Perpétuo Socorro. Não poderemos chegar de dia este dia lá...Eu estou há muito tempo nas mãos dela, confiei a ela: será um bom dia para ir ao paraíso. Mas eu não espero.

Na semana seguinte, no dia 23, ele escreveu:

Eu tinha te dito que N. Sra. Do Perpétuo Socorro ainda não me queria no céu. Isto não me surpreende!... Não vi a sombra de um marroquino e a calma tranquila parece reinar por tudo...Pois Deus quer que eu viva, eu disse amém, de todo o meu coração, pois eu quero a Sua vontade e não a minha. Reze para que eu viva bem e que eu realize bem cada dia os meus deveres quotidianos...

No seu retiro anual de 1902 em Beni-Abbés, Charles de Foucauld mencionará a Virgem em um de seus trechos:

Eu estou na casa de Nazaré, e entre Maria e José,

apertado como um pequeno irmão contra meu Irmão mais velho Jesus, noite e dia presente na Santa Hóstia.
– Agir em direção ao próximo neste lugar, nesta companhia, como eu vejo Jesus agir ...Na 'Fraternidade', ser sempre simples, doce e servil como estão Jesus, Maria e José na Santa Casa de Nazaré - Doçura, humildade, abjeção, caridade: serviço aos outros.

E no mesmo ano de 1902 ele disse:

> O projeto que eu sigo em silêncio depois de 8 anos e meio [...] é de tentar formar uma pequena família religiosa de monges especialmente consagrados ao CORAÇÃO de JESUS [...] vivendo sempre em país de missão, para evangelizar estas ovelhas perdidas não pela palavra mas pela oração, pela penitência, pela bondade, pelas virtudes evangélicas, pela santificação pessoal e sobretudo o Santo Sacrifício e a presença da divina Hóstia, como a Santa Virgem na visitação santifica a casa de João Batista, em silêncio, levando JESUS.

No dia 21 de novembro de 1903, durante seu retiro anual, Charles de Foucauld fez uma reflexão sobre a sua vida e pensou quais propostas de mudança de vida deveria fazer. Rssas resoluções foram transformadas em votos de Natal do mesmo ano. Ele escreveu na V resolução:

> Doação universal a Maria: ' Eu me proponho manter em mim a vontade de dar a Maria todos os meus atos, todas as minhas orações, todos os meus sofrimentos, todas as minhas obras santificadoras, toda minha vida espiritual afim de que ela ofereça e dê tudo a Jesus.'

> União a Maria: união de toda a minha vida e de todas as minhas obras a Maria: 'Eu me proponho de manter em mim a vontade de estar unido a Maria por inteiro em toda a minha vida espiritual em todo meu apostolado, à toda sua vida interior e a toda sua obra'

> Transformação em Maria: ' Eu me proponho de manter em mim a vontade de trabalhar para transformar-me

em Maria, para tornar-me uma outra Maria, vivendo e agindo; de me transformar nela e para ela, meus pensamentos, meus desejos , minhas palavras, minhas ações, minhas orações, meus sofrimentos, toda minha vida e minha morte.'

Já no retiro de 1904 ele disse:

Mãe do Perpétuo Socorro, eu me coloco em vossas mãos por que, na vida e na morte, vós fazeis sempre isso que quereis de mim, portanto, nesta vida e na outra, entre vossos braços, como vós carregastes o menino Jesus, ó minha Mãe, bem amada!

No dia 15 de agosto de 1905, dia da festa da Assunção de Maria, Foucauld anotou:

Santíssima Virgem, eu me dou a Vós, Mãe da Santa Família, Fazei-me viver a vida da divina Família de Nazaré, fazei que eu seja vosso digno filho, o digno filho de S. José, o verdadeiro irmãozinho de N. Sr. Jesus. Eu coloco toda a minha vida em vossas mãos, eu vos dou tudo o que sou para que façais de mim o que agrada mais a Jesus. Se eu tenho qualquer decisão especial a tomar, fazei-a eu decidir .Leva-me. Eu quero uma santa coisa: ser e fazer a todo instante o que mais agrada a Jesus. Eu me entrego a Vós e em Vós confio. Mãe bem-amada, minha vida e minha morte.

Em primeiro de novembro de 1905, no dia em que se comemora o dia de todos os santos, e o primeiro a passar em Tamanrasset no Hoggar, ele escreveu:

Jesus, divino adolescente que, de Nazaré me tens visto neste momento, Mãe do Perpétuo Socorro, nosso Pai São José, Santa Madalena, São Pedro, São Paulo, Santa Teresa, Bem-aventurada Margarida Maria, protetora do Hoggar, São Francisco de Assis, Santas e Santos, Santos Anjos, ensinem-me a amar o bom Deus de todo o meu coração, de todas as minhas forças, com toda a minha vida/alma, com todo meu espírito, a santificar seu Nome o mais possível e a fazer a sua vontade sobre a terra como vós fizestes no céu; nEle, por Ele e para Ele.

Citará também neste dia umas decisões. A que nos interessa neste livro é a sétima resolução para que percebamos que a vocação de Foucauld é aquela que ele entreviu desde o seu início. A fidelidade em viver o que ele, com inteligência e consciência percebeu o que Deus desejou para ele permaneceu:

> Fazer, pouco a pouco, conhecer o mundo cristão e a religião natural, não por longos discursos, mas por curtas palavras, sem sair da solidão como Maria na casa de Isabel e como Jesus em Nazaré.

Na festa da Assunção de 1906, ele deixou escrito:

> Mãe bem-amada, Mãe do Perpétuo Socorro, vós a quem estou confiado, dado para sempre, leva-me nos vossos braços como vós carregastes o menino JESUS, faze-me ser e fazer a todo instante o que mais agrada a JESUS e façais que, a todo instante, eu seja o mesmo para todos os humanos e, em particular, para aqueles a quem eu devo rezar mais: papa, bispo, prefeito apostólico, todas as pessoas que vós sabeis que vivem no Marrocos, Magreb [sic], Saara, Touareg, para que eu me ofereça por vossas mãos segundo o vosso Coração e o de JESUS. Eu vos peço especialmente de fazer a sua vontade na circunstância presente que vós sabeis.

No dia 12 de agosto, na festa do santo nome de Maria:

> Mãe bem-amada, traga-me ao Hoggar, se é da vontade de JESUS! Faça-me ser e fazer a todo instante o que mais O agrada. Faça-me vos imitar e imitar como Ele o quer. Que vosso Nome seja abençoado por todo espírito.

No final de 1905, escreveu a Marie de Bondy. Me atentarei aqui somente a parte da carta que menciona o amor de Foucauld a Maria:

> Não vos inquieteis de me ver só, sem amigo, sem socorro espiritual: eu nada sofro desta solidão, eu a tenho muito tranquila, suave: eu tenho o Santíssimo Sacramento, o melhor dos amigos a quem posso falar dia e noite, eu tenho a Santa Virgem e S. José, eu tenho todos os santos; eu sou feliz e nada me falta – toda a parte do meu tempo que não é dado a oração, eu cuido dos doentes, a receber algumas visitas ou pobres que vem me encontrar, emprego-o também a este trabalho de língua Touareg...

Em 1907, no dia 15 de agosto, ele escreveu:

> Minha muito amada, Mãe do Perpétuo Socorro, tenha piedade desse povo pela qual Vosso Filho morreu, dê a eles o vosso socorro; Vós, a quem nunca se implora em vão, vosso pobre padre vos implora por este povo, dê a eles a Salvação!

No dia da circuncisão de N. Sr., no dia primeiro de janeiro de 1908, no seu diário de Tamanrasset, ele escreveu:

> Santa Virgem, São José, uni-me, uni-nos a vossos sentimentos nesse dia onde foram vertidas as primeiras gotas do sangue de Jesus, eu coloco a minha vida entre vossas mãos nas mãos da Santíssima Virgem; uni minha vida à Vossa e nesse sacrifício desse dia e em todos os dias da minha vida e da eternidade. Em tuas mãos coloco meu espírito. Não teve missa pois estou só.

No dia 20 de janeiro ele mencionou que por causa da sua doença ele interrompeu todo o trabalho e escreveu: Jesus, Maria e José, eu vos dou a minha alma, o meu espírito e a minha vida.

Para o mantra do rosário ele pensou uma outra maneira de rezá-lo, e no domingo Ramos de 1909, dia 4 de abril, Charles de Foucauld anotou em seu diário de Tamanrasset a instituição do mesmo:

> Institui um rosário de 7 degraus, nomeado como rosário do amor. Os membros do primeiro degrau dirão 50 vezes por dia: 'meu Deus, eu vos amo de todo o meu coração' os do segundo degrau dirão 50 vezes por dia: 'meu Deus, eu vos amo acima de tudo; nas próximas 50 vezes dirão: Meu Deus, tudo que Vós quereis, eu quero'; no quarto degrau dirão 50 vezes por dia: "Meu Deus, eu amo meu próximo como a mim mesmo, por amor de Vós'. Nas próximas 50 citações por dia dirão: 'Meu Deus, que vosso nome seja santificado'. Aqueles do sexto degrau dirão 50 vezes por dia: 'Meus Deus, que vosso reino venha' e aqueles do sétimo degrau dirão 50 vezes por dia: Meus Deus, que vossa vontade seja feita na terra como no céu'. Os membros do segundo degrau dirão ainda 100 invocações; os do terceiro degrau, 150 etc. e aqueles do sétimo degrau, 350.

E no mesmo ano de 1909, ele anotou o conselho que o seu confessor Pe. Huvelin recomendara a ele que deixasse de ser escrupuloso quando ele em vez de rezar o breviário, rezasse o rosário. E nesse mesmo ano, na festa da Visitação, Foucauld ao redigir o diretório da Associação dos irmãos e irmãs do Sagrado Coração de Jesus, ele se rejubila ao ver que instalar Fraternidades 'mudas' em terra de missão; e estando em Tamanrasset, ele confirmou com sua vida lá, a vocação do mistério da visitação.

Para finalizar este capítulo, vamos ao ano de 1916.; ano de seu assassinato. Como sempre, Maria é sua companheira na contemplação a Jesus. Na reflexão do Evangelho do dia 16 de janeiro, ele destacou:

> Não menos que a Santíssima Virgem nós podemos enrolar num maior Nosso Senhor Jesus, vestindo um pobre por amor a ele, nós o faremos:' isto que vós fazeis a um destes pequenos, a mim o fazeis'

E no Evangelho do dia 17 do mesmo mês:

Nosso Senhor tem por mãe uma virgem, por pai um provedor o casto S. José; teve como precursor São João Batista virgem, e por apóstolo favorito, São João, virgem; preço da castidade.

No Evangelho do dia 19 do mesmo mês:

Como Maria e José, faça todos os trabalhos segundo a vontade de Jesus, e encontre horas para o contemplar silenciosamente e o adorar, isso que é desejado também por ele.

E no dia 20 do mesmo mês de janeiro de 1916, ele deixou escrito:

Vida de Maria e José depois do nascimento de Jesus: perfeito acompanhamento de orações rituais e de toda fé religiosa, trabalho desejado por Jesus, contemplando com os olhos do corpo e do Espírito: horas de contemplação e de adoração de Jesus.

No dia 18 de fevereiro:

Quando Jesus se faz presente em qualquer um, a cruz também se faz presente com ele: entrando no seio de Maria, levou a S. José a inquietação a respeito desta santa gravidez; vindo ao mundo, ele traz a perseguição e o exílio.

A partir desta data, sabemos que Charles de Foucauld continuou nas mãos de Maria, tendo-a como Mãe e tendo-a em segundo lugar na sua vida. O primeiro sempre foi o do Filho da Maria.

Maria, Mãe de Jesus, na vida de Charles de Foucauld

Conclusão:

Ao lermos e percebermos o desenrolar da vida de Charles de Foucauld, notamos que seu amor a Maria é muito grande; entretanto ela ocupa um segundo lugar em sua vida. Charles de Foucauld sempre teve claro seu amor primeiro por Jesus. Vimos também que na sua infância ele já aprendera com seus pais o amor a Jesus e Maria pelas orações simples infantis, pela catequese, pelo mês de Maria celebrado, pela visita às igrejas e ao presépio no tempo de Natal, etc... e sabemos que seu avô materno, que o criou depois, também tinha a mesma fé.

Não coloquei tudo que encontrei em seus escritos pois sua vida, num certo período, foi muito intensa e escreveu muito e uma grande maioria de seus escritos se referem ao amor de Maria, esta olhando com ternura Jesus e Charles de Foucauld junto a ela nesta contemplação. Vocês leram alguns exemplos e estes escritos se deram ou na trapa ou quando estava em Nazaré.

Podemos destacar que ele perseguiu como exemplo até o fim de sua vida o Mistério da Visitação, mistério este que foi a essência da sua vocação. Ele percebeu, que não tendo a vocação apostólica, poderia levar Jesus como Maria levou a João Batista e este levar implicou para a vida dele uma vida totalmente missionária, uma vida de contato cotidiano intenso, de relacionamentos por cartas com os amigos que encontrou na sua formação. Percebeu que o silencio e a solidão com Jesus podia evangelizar.

Nesta passagem bíblica da visitação, ele não se ateve em Maria no seu Magnificat, nem se prendeu a uma simples visita de ajuda à sua prima Isabel, já idosa, nem na sua simplicidade e espontaneidade de agilidade na ida: além da dimensão missionária, Charles de Foucauld viu a importância de Maria que, com Jesus no seu útero, permitiu que Ele fosse conhecido pelos seres humanos, e isto levou Charles de Foucauld a saber a vontade de Deus para ele, isto é, qual era realmente a sua vocação. E Foucauld se esforçou a viver esta dimensão missionária sendo um desbravador como missionário e também como nacionalista francês. Aqui a palavra nacionalista quer dizer que ele estava atento ao comportamento dos franceses para que contribuíssem no melhoramento da vida dos saarianos e quando isto não acontecia, ele clamava por justiça. Sentimento em que ele pensava que os franceses eram mais avançados em humanidade que os saarianos até que Deus vai lhe mostrar diferente.

Mas, segundo Antoine Chatelard, em seu artigo escrito em Tamanrasset, em outubro de 1994, artigo este intitulado 'Charles de Foucauld et Notre-Dame du Perpétuel Secours', Chatelard apresenta Foucauld devoto deste título de Maria por acontecimentos marcantes de sua vida:

Um deles descreveu que, em 6 de outubro, as quatro horas da tarde, a viscondessa, acompanhada por Charles, colocou na estrada a sua condução onde Mimi (irmã de Charles) está sentada, quando eles são atropelados por uma boiada. Ela ficou com medo, receou que as crianças fossem pisoteadas e caiu inanimada, vítima de uma crise cardíaca. Chega o socorro e ela está morta. Este acontecimento marcou fortemente interiormente Charles de Foucauld que tinha apenas 6 anos, mas o autor desconhece o quanto o marcou. Mais tarde, ao contar a um amigo, Dr. Baltazar, este enviou 2 imagens de N. Sra. do Perpétuo

Socorro. Charles disse: eu amo muito N. Sra. do Perpétuo Socorro por causa de seu nome, por causa da jaculatória que está atrás de sua imagem e esta é apropriada a miséria humana, e também porque a primeira vez que eu a vi, estava no leito de morte da minha avó, ela tinha uma imagem semelhante sobre a sua perna no momento. Estas são as lembranças que ficaram no meu coração.

Um outro acontecimento mencionado por Chatelard foi: ele disse a um outro amigo, o Pe. Jérome, no dia 8 de novembro de 1896, chegando em Roma. Nós fomos à Igreja de Santo Afonso onde se conserva a imagem de N. Sra. do Perpétuo Socorro. Este nome fica muito bem para a Santa Virgem! Nós temos tanta necessidade de seu perpétuo socorro. Nós somos fracos e medrosos. Há muito tempo eu estou sob a sua proteção, sob este nome, principalmente nestes três últimos anos. Há três anos eu tenho muitas dificuldades interiores, ansiedade, medo, escuridão, Eu desejo servir a Deus, tenho medo de ofendê-lo, eu não vejo claro, eu sofro muito. Eu me coloquei de todo o meu coração sob a proteção de N. Sra. do Perpétuo Socorro, supliquei a ela para guiar os meus passos como ela guiou os do menino Jesus e de me conduzir em tudo de maneira a não ofender Deus, mas que eu seja uma pessoa que colabora na consolação de Nosso Senhor Jesus, de maneira que eu console tanto quanto possível o Coração de Jesus que nos olha e nos ama. Também ele me foi bem suave de colocar-me desde o primeiro dia, desde a primeira hora, aos pés da imagem desta querida e boa Mãe. Eu tenho necessidade de vos dizer que eu vos recomendei a ela de dentro do meu coração e que eu tenho feito por mim e para vós repetidas vezes: Nossa Senhora do Perpétuo Socorro, conceda-me o vosso socorro todo poderoso, e a graça de vô-lo pedir sem cessar!

Charles terá outros momentos difíceis e é a Nossa

Senhora do Perpétuo Socorro a quem ele recorrerá. Podemos pensar agora sobre a relação dele com os mulçumanos. São inferências que faço a partir do que encontrei.

Vimos que Foucauld é apaixonado por Jesus e em segundo lugar, na sua vida, está Maria. Uma dúvida cruel se levanta: os mulçumanos também têm Maria (profetisa ou não) como a mulher mais perfeita e importante da terra e têm Jesus como o segundo profeta mais importante do Alcorão.

Para Foucauld, ser apóstolo missionário no silêncio é a sua vocação. Seu amor a Maria e a Jesus é muito grande e ele tem desejo que todos amem também Jesus e Maria. É bem natural que queiramos que todos amem a quem amamos. Conhecendo bem o Alcorão ele deve ter percebido que podia infiltrar-se entre os mulçumanos seguindo as reflexões que fez sobre a Visitação e carregando este desejo que a Virgem do Perpétuo Socorro o estaria socorrendo em todas as suas necessidades como sempre fez em sua vida. Também levou a certeza da sua vocação no mistério da visitação.

> "Nesse dia, Maria partiu e às pressas foi a uma cidade de Judá': Aqueles a quem me conhecem mais de quem não recebeu a missão para pregar, eu lhes digo [...] trabalheis para a santificação do mundo, trabalheis como minha mãe: sem palavras, em silêncio, ide estabelecer vossos piedosos retiros no meio daqueles que O ignoram: leve-me entre eles e estabeleçam [...] um tabernáculo e levem o Evangelho não pregando com a boca mas pregando-o pelo exemplo, não o anunciando mas vivendo-o: santifiqueis o mundo, levando-me ao mundo[...] como Maria me levou a João: inspirando na Visitação, eu vos dou [...] inspiração a quem deve vos conhecer, dando sua missão, eu vos dou [...] a vossa.

Em outro momento ele disse que rezar, é falar com Deus; rezar é louvar a Deus; rezar é dizer a Deus que O ama; rezar é contemplar a Deus; rezar é ter o espírito e o coração junto a Deus; rezar é pedir perdão a Deus; rezar é pedir socorro a Deus; rezar é pedir a Deus por nós e por todos os seres humanos a santidade e a saúde...O amor tem o efeito necessário de dizer a Deus que O ama em uma conversa sem fim, de louvar aquele que ama sem fim e na medida, de dizer que O ama e de repetir sob todas as formas, de pedir perdão mil e mil vezes ....A oração é inseparável do amor, ao ponto que essas orações serão de qualquer maneira a medida de nosso amor, compreendendo na oração o exercício da presença de Deus.

A Virgem Maria viveu como os outros, mas o que quer que ela faça, seus olhos, seu pensamento e seu coração estão totalmente voltados a Jesus: Ele é toda a sua vida... É assim a vida contemplativa, é assim a vida do amor mais apaixonado, do amor de admiração; é a melhor parte, a parte da Santa Virgem e de S. José em Nazaré.

> Eu quero para mim o que devo fazer para os outros: 'Faça aos outros o que quer que eles te façam', e eu devo o fazer para os mais esquecidos, para os mais abandonados, ir às ovelhas mais perdidas, [...] Eu não acho que eu posso fazer-lhes qualquer bem maior do que o seu, como Maria na casa de João, no momento da Visitação, Jesus, o bem dos bens, [...]. Ao mesmo tempo, mantendo-nos em silêncio, faríamos conhecer a esses irmãos, não por palavra, mas pelo exemplo e acima de tudo pela caridade universal, o que nossa religião é, e o que é o espírito cristão, o que é o CORAÇÃO de JESUS.

E assim ele parte com a esperança de que Jesus e Maria se tornem melhor conhecidos dos mulçumanos e que estes possam reconhecer Jesus como filho de Deus e Maria como nossa mãe e intercessora. Esta proposta de caminhar no silêncio, de testemunhar com a vida os en-sinamentos de Jesus vivendo as virtudes evangélicas ele sabe que não é um caminho fácil, nem rápido. É um ca-minho muito lento, mas ele tem a certeza que, se for da vontade de Deus, um dia acontecerá.

Esta presença de Charles de Foucauld entre os mul-çumanos, sempre atento à Virgem da Visitação e à Virgem do Perpétuo Socorro, fez com que abrisse um diálogo de respeito entre ele e os mulçumanos do local. Hoje chama-mos isto de atitude ecumênica. Nunca insistiu que alguém se tornasse católico, mas insistiu que aquele que é mulçu-mano se comportasse como mulçumano, o católico como católico. Respeitou a crença mulçumana e também levou mais de uma vez os ex-votos à Basílica de Nossa Senho-ra da África em Argel, igreja esta frequentada por mulçu-manos para agradecer Maria, aquela que milagrosamente, solteira, aceitou ser mãe do profeta Jesus.

Também estava atento aos militares franceses, aos protestantes que por lá passavam, dialogando com eles, com respeito e incentivando-os a respeitarem os Touareg, os mulçumanos e sempre desejoso que cris-tãos bem virtuosos fossem lá para testemunhar Jesus como Filho de Deus.

Para finalizar, Charles de Foucauld teve a segun-da conversão mais importante de sua vida: os pobres têm muito a dar, os pobres mulçumanos também amam a Deus e socorrem aqueles que necessitam e Foucauld aprendeu que o maior presente que Deus pode dar é a compreensão, que os nossos relacionamentos humanos devem ser de dar e receber e que o receber é muito difícil para aquele que pensou sempre em partilhar. Por isso, no Mistério da Visi-tação, Maria leva Jesus, nada dá e nem recebe, é o levar gratuito porque aquele que vem lhe pede para encontrar seu primo João e ser anunciado que Ele está chegando. É

Jesus que se dá e Maria é a 'serva do Senhor'. Nos três últimos anos antes de seu assassinato, o seu relacionamento foi muito intenso, mas Jesus foi visto a todos os instantes nos pobres que aproximavam, que chegavam até ele.

Foucauld não estava sozinho nesta contemplação: Maria, José, Madalena, os apóstolos...estavam com ele.

BIBLIOGRAFIA

A VIRGEM Maria entre Cristãos e Muçulmanos. [Rio de Janeiro]: Centro Loyola de Fé e Cultura PUC-Rio, [2019]. Disponível em: http://www.centroloyola.puc-rio.br/cursos/a-virgem-maria--entre-cristaos-e-muculmanos/. Acesso em: 7 maio 2020.

ABDULSALAM, M. Maria no Islã. **The Religion of Islam**, [S. l.], atual. 20 Dec. 2020. pt. 1/3. Disponível em: https://www.islamreligion.com/pt/articles/25/viewall/maria-no-isla-parte-1-de-3/. Acesso em: 7 maio 2020.

CHATELARD, A. *Charles de Foucauld et Notre-Dame du Perpétuel Secours. **Jesus Caritas**, [s. l.],* n. 259, p. 61-68, 3. trimestre 1995.

CHATELARD, A. **La mort de Charles de Foucauld**. Paris: Karthala, 2000.

FOUCAULD, C. **Règle de Petit frère de Jesus**. Paris, [s. n.], 1896. 39 v. Datilografado.

FOUCAULD, C. **Écrits spirituels de Charles de Foucauld**. Paris: J. de Gigord, 1951.

FOUCAULD, C. **Ouvres spirituales**. Paris: Seuil, 1958.

FOUCAULD, C. **Directoire**. Paris: Seuil, 1961.

FOUCAULD, C. **Lettres à Mme de Bondy**: De la Trappe à Tamanrasset. Paris: Desclée de Brouwer, 1966.

FOUCAULD, C. **Lettres et carnets**. Paris: Seuil, 1966.

FOUCAULD, C. **Seul avec Dieu**: retraites à Notre-Dame des Neiges et au Sahara. Paris: Nouvelle Cité, 1975.

FOUCAULD, C. **Voyageur dans la nuit**. Paris: Novelle Cité, 1979.

FOUCAULD, C. **Qui peut resister a Dieu?** Paris: Novelle Cité, 1980.

FOUCAULD, C. **Carnets de Tamanrasset** (1905-1916). Paris: Novelle Cité, 1986.

FOUCAULD, C. **Considerations sur les fêtes de l'année**. Paris: Nouvelle Cité, 1987.

FOUCAULD, C. **Commentaire de Sant Mathieu**. Paris: Novelle Cité, 1989.

FOUCAULD, C. **Carnet de Beni Abbes** (1901-1905). Paris: Nouvelle Cité, 1993.

FOUCAULD, C. **Correspondances sahariennes**: lettres inédites aux Pères blancs et aux Sœurs blanches (1901-1916). Paris: Cerf, 1998.

FOUCAULD, C. **Correspondances lyonnaises** (1904-1916). Paris: Karthala, 2005.

GAME, G. **Tamanrasset**: oú le desert fertile. Paris: Éditions S.O.S., 1975.

HAMZE, A. **Em nome da Mãe**. [Goiânia]: Brasil Escola, [c2021]. Disponível em: https://brasilescola.uol.com.br/sociologia/em-nome-mae.htm. Acesso em: 7 maio 2020.

MARTINS, A. A Virgem Maria segundo o Islamismo. **A12**, Aparecida, atual. 3 out. 2017. Palavra do Associado. Disponível em: https://www.a12.com/academia/palavra-do-associado/a-virgem-maria-segundo-o-islamismo. Acesso em: 7 maio 2020.

NOGUEIRA, A. Quem é a Virgem Maria para os islâmicos? **AV Aventuras na História,** São Paulo, 28 dez. 2019. Disponível em: https://aventurasnahistoria.uol.com.br/noticias/reportagem/quem-e-virgem-maria-para-os-islamicos.phtml. Acesso em: 7 maio 2020.

PIGOZZI, A. O que a Virgem Maria faz na história do Islamismo? **Empresário Cristão**, [S. l.], 20 ago. 2017. Disponível em: https://www.empresariocristao.org/post/2017/08/20/o-que-a--virgem-maria-faz-na-hist%C393ria-do-islamismo. Acesso em: 7 maio 2020.

SCANDIUZZI, P. P. **Charles de Foucauld**: a mensagem para a vida do leigo. São Paulo: Loyola, 2015.

SIX, J. F **Charles de Foucauld**. São Paulo: Loyola, 1983.

SOURISSEAU, P. **Charles de Foucault** 1858-1916: Biographie. Paris: Salvator, 2018. Kindle Edition in French.

UM SANTUÁRIO que une cristãos e muçulmanos. **DomTotal**, [S. l.], 10 jul. 2017. Disponível em: https://domtotal.com/noticia/1169492/2017/07/um-santuario-que-une-cristaos-e-muculmanos/. Acesso em: 7 maio 2020.

Este livro foi composto na fonte Arial corpo 12, entrelinha 14,4 pt, e impresso em papel Offset 90g pela Amazon para esta edição do autor, no outono de 2021.

Made in the USA
Middletown, DE
09 May 2024

54010694R00046